KARLA RODRÍGUEZ CUPARE

YO ME LIBERO, YO TE LIBERO

MI CAMINO HACIA EL PROPÓSITO,
EL PERDÓN Y EL RENACIMIENTO

Karla Rodríguez Cupare

Yo me libero, Yo te Libero

Mi camino hacia el propósito, el perdón y el renacimiento

bubok
EDITORIAL

© Karla Rodríguez Cupare
© Yo me libero, yo te libero

Mayo de 2025

ISBN Libro en papel: 978-84-685-8872-8
ISBN eBook en ePub: 978-84-685-8871-1
Depósito legal: M-11730-2025

Editado por Bubok Publishing S.L.
equipo@bubok.com
Tel: 912904490
Paseo de las Delicias, 23
28045 Madrid

Índice

CAPÍTULO 1

La niña que detestaba los sombreros

Me llamo Karla Rodríguez, nací en Ciudad Bolívar (Venezuela) y viví mi infancia en el aire. Mis pies no tocaban nunca el suelo porque sobraban brazos para cargarme. Yo pasaba de unos a otros, porque mi papá tenía muchos hermanos y yo infinidad de primos de todas las edades. Así que siempre había un ejército de personas dispuestas a sostenerme entre risas, arrullos, juegos y achuchones, consentida y querida con la suerte de los primogénitos. De mi infancia no recuerdo casi nada más que ese estar entre algodones y el calor de los abrazos.

Era la mayor de tres hermanos que, en realidad, parecían ser dos. Otra de esas cuestiones que quedaron en el aire y que solo se resolvieron con el tiempo. Mi hermano y yo, los dos hijos del matrimonio, y una hermana más que, según me dijeron, habían dejado a cargo de mi madre porque su abuela no podía ocuparse de ella.

Poco antes de morir mi papá me confesó que le había sido infiel a mi mamá y que yo tenía dos hermanastros más, pero que había querido mucho a mi madre y que por eso no se había divorciado. Por aquel entonces, yo ya tenía catorce años y no supe qué decir. Lo que yo había visto con

9

mis ojos de niña era una madre enfadada que siempre discutía y a la que yo culpaba de todo lo que sucedía. ¡Quién podía aguantarla con ese carácter! Solo más tarde la vida me ayudó a entenderla y a comprender que esa pelea continua era una forma de drenar su decepción y su dolor. Todo lo que mi padre tenía de protagonista de mi historia también lo tenía mi madre de antagonista.

Así que crecí con una hermana que parecía no serlo. Y sin dos hermanastros a los que nunca conocí. Pasaba mucho tiempo con una tía paterna que siempre venía en vacaciones para llevarme con ella y así compartir los paseos que daba con su familia. Además, me compraba ropa y me daba de todo. Yo la quería mucho, igual que a mi tío y a mi prima, porque, aunque era mayor que yo, jugaba conmigo. Una infancia linda, siempre en una nube, colmada de besos, atenciones y amor.

La relación con mi papá siempre fue estupenda. Yo era su reina. A cada rato me preguntaba sobre mí, sobre cómo estaba, qué hacía. Me invitaba al cine, me llevaba a comer helados, me contaba cosas de su trabajo y de sus viajes.

De mi mamá no tengo tantos recuerdos. Se pasaba el día regañándome y no le gustaba que yo fuera gordita. Ella estaba delgada y era muy bonita. ¡Parecía una modelo! Se vestía muy bien y cualquier prenda le quedaba linda, pero a mí no me gustaban los vestidos que me compraba porque me sentía a gusto con ropa sencilla. A ella le fascinaba ponerme sombrero y yo los detestaba. Nunca estábamos de acuerdo en nada.

Cuando terminé los tres primeros años de bachillerato, ella decidió inscribirme para que cursara Ciencias. Yo quería estudiar Humanidades, porque prefería leer a pasar el día en un laboratorio haciendo experimentos, dibujos técnicos o calculando raíces cuadradas. Pero mi mamá venía de una familia muy humilde, no conoció a su padre y estudió y se graduó de secretaria como buenamente pudo. Ahora entiendo que simplemente deseaba lo mejor para mí y que quería evitar que pasase las penalidades que podía causarme no tener una profesión. Ella pensaba en su propia vida, en la traición de mi padre y aspiraba a que yo no dependiese de nadie. Hoy la honro y me duele que ninguna de las dos supiéramos llevarnos bien y tener una relación más cercana.

Pero ¡qué más daba todo eso por aquel entonces! Durante la primaria fui muy feliz a pesar de todo. La estudié en un colegio de monjas. Tenía muchas amiguitas y siempre quedábamos a dormir unas en casa de las otras. Era genial. En el colegio nunca fui una estudiante excelente y solía estar en la media. En sexto grado, jugaba al voleibol y formaba parte de un equipo. Casi siempre me tenían de suplente porque era bajita, pero participé en algunos torneos.

También me gustaba tocar la mandolina, aunque nunca conseguí sacar más que algunos acordes. Mi mamá me inscribió en clases de cuatro, pero no tenía oído musical, así que al final no logré tocar ningún instrumento.

Y, sin embargo, mis pies seguían sin posarse sobre el suelo. El sonar de la música, los torneos, los helados, los mimos, los abrazos... Las noches en casa de amigas y las tardes en el cine con mi padre. Esa madre linda, aunque censuradora. Solo cuando empecé bachillerato comenzó a zarandearme el viento de la vida. Tuve que inscribirme en varios institutos, porque en la aldea donde vivía mi mamá no podía asistir a clase. Así que me tuve que marchar a vivir con mi abuela materna una temporada, luego con mi tío materno y su familia. Y finalmente regresé con mi abuela para completar los dos últimos años. De un hogar a otro, de mesa en mesa y de abrazo en abrazo. Mi papá me recogía los viernes y pasábamos el fin de semana con mi mamá y mis hermanos. Y eso, cómo no, era lo mejor de todo, lo que yo había estado esperando durante toda la semana.

Hasta que el 6 de abril de 1973, Viernes de Concilio, el día en que empezaba la Semana Santa, el viento que nos bamboleaba suavemente se convirtió en un huracán que lo arrasó todo.

Pero esa es ya otra historia. La otra historia de mi vida.

CAPÍTULO 2

Una radio que habla y un cumpleaños sin fiesta

Era el día en el que comenzaban las vacaciones y yo esperaba a mi padre emocionada. Dos meses y medio más tarde iba a cumplir quince años y estaba ansiosa por llegar a casa. Seguro que íbamos a hablar de ello y que mi mamá me organizaría una fiesta. La vida, sin embargo, me tenía preparada una sorpresa. Mi papá no llegó a buscarme y me fui a dormir.

La mañana siguiente me despertó una de mis primas. "Uchita, Uchita". Ese era el nombre cariñoso por el que me conocían en la familia. Yo tenía sueño, pero mi prima no paraba.

—Uchita, Uchita. En la radio están hablando de un accidente muy grave en la carretera. Murieron diez personas y entre las que han nombrado como fallecidas hay un Carlos Rodríguez. Pero seguro que no es tu papá. Recuerda que hay dos personas más que se llaman como él.

Pero yo sentía que era él y le pedí a mi tío materno Pedro Antonio que me llevara a casa de mi tío paterno Enrique para ver si él sabía algo del accidente.

Cuando llegué a la casa de mi tío, la incertidumbre comenzó a tornarse en una triste certeza. Un señor, un total desconocido cuyo nombre y cuyos rasgos no recuerdo, me agarró por los hombros y comenzó a zarandearme. Eso es lo que ha quedado en mi memoria. Un hombre sin rostro que me agita con fuerza, como la vida, y que me pide perdón entre gritos y sollozos.

—Era yo quien tenía que traer la gandola, no tu papá. Lo siento. Lo siento.

Una gandola es un camión grande que transporta cargas pesadas. Mi padre las manejaba muy bien, pero no dejaba de ser una tarea peligrosa. Y por aquel entonces la seguridad en el trabajo o la prevención de riesgos laborales no existían. Uno se subía a la gandola y la dirigía con su mejor concentración y pericia, sin miedo y asumiendo el riesgo que implicaba conducirla cada día. Así es como confirmé la muerte de mi papá, con tan solo tres palabras. Gandola, papá y perdón.

Una de las cosas más difíciles de asimilar en una muerte traumática es que la vida sigue como si nada. Una enfermedad no es mejor, pero te da tiempo a ir asumiendo, en primer lugar, la posibilidad de la pérdida. Luego la persona va dejando sus quehaceres, la rutina se trastoca y poco a poco te vas adaptando a sus indisposiciones, a que ya no pueda recogerte los viernes ni llevarte al cine o a comer helados. El enfermo se va retirando poco a poco del mundo y nosotros, los que quedamos, paso a paso construimos una nueva vida sin él.

Pero cuando alguien se marcha de esta existencia en un instante, todo continúa como si en cualquier momento fuera a entrar por la puerta, a tomar asiento y a retomar la conversación por donde la dejó la última vez que te habló. Y el shock es inmenso.

Así que me llevaron a casa de mi abuela materna y, en cuanto llegué, empezó a hablar mal de mi papá, y lo llamó irresponsable porque no había venido a buscarme. Era lo que esperaba mi abuela. Que entrase en cinco minutos quitándose el sombrero y murmurado "Lo siento, se me hizo tarde", con los hombros encogidos y mirándose la punta de los zapatos. Estallé por la rabia contenida. El dolor me desbordaba.

—Cállate, que mi papá está muerto —le grité.

Esa es otra cosa que nos trae la muerte. Cuando el difunto está de cuerpo presente, todo el mundo habla en susurros, como para no molestarle en su sueño. Pero cuando los que le sobreviven se hablan entre ellos, todo se chilla, se aúlla, se vocifera.

Quizá no era yo la indicada para habérselo contado. Quizá mi abuela hubiera necesitado a un adulto que le hubiese pasado un brazo por los hombros, que le hubiese cogido de la mano y que le hubiera contado con tranquilidad y poco a poco lo que había sucedido. Pero yo era una niña frágil y rota. Y casi mato a mi abuela de un infarto. Se ahogó, no podía respirar ni hablar. Me di cuenta del estado en el que estaba, la ayudé a

15

sentarse, le di un vaso de agua, la abaniqué y fue recobrando la respiración. Cuando la vi bien, me fui a casa de una de mis amigas para que me llevasen de vuelta con mis tíos.

Pero cuando regresé allá, la casa tampoco era la misma, como si los espacios también se transformasen con la pérdida y el duelo. Las estancias estaban llenas de personas que se habían enterado del accidente y muerte de mi papá. No se podía dar un paso y aquel último refugio también se había vuelto asfixiante. Ya no me quedaba un lugar al que huir ni en el que guarecerme de la desgracia que nos había atrapado.

Mi mamá y mis hermanos también habían llegado. Fue un reencuentro muy triste, muy distinto del que yo había imaginado el día anterior. Nos abrazamos y lloramos. No sé cuánto tiempo paso. En este punto, de nuevo, mi memoria está llena de huecos y lagunas. Solo sé que seguimos esperando el cuerpo de mi papá y que no paraban de llegar personas que querían darnos el pésame.

Viendo en el estado en el que estábamos, unos primos se ofrecieron a traer el cadáver de mi papá. Finalmente, después de consignar muchos papeles y de confirmar que eran familia del fallecido, les entregaron el cadáver. Cuando llegaron con el cuerpo ya era muy tarde, alrededor de la una de la madrugada. Al mediodía siguiente tuvo lugar el funeral y entierro de mi papá.

Hay otra cosa que sucede cuando la vida te arranca de cuajo a alguien a quien quieres. El tiempo ya no es el mismo de siempre y parece que las horas y los minutos transcurren con otro ritmo diferente. Para mí, todo transcurrió muy rápido, como cuando uno mira una película a doble o triple velocidad. En algunos momentos creía que era una pesadilla y que todo lo que estaba sucediendo era un mal sueño, pero al rato volvía a la realidad.

Y la realidad era muy cruda. Mi todo ya no estaba. Yo había sido su consentida, su niña bonita y para mí él era igual. Mi papá era mi príncipe y lo siguió siendo toda mi vida. Hasta que falleció, le contaba todo lo que me sucedía y no tenía secretos con él. Le confiaba, por ejemplo, mis historias del instituto. Solo él sabía que había un chico y que nos gustábamos, que salía a pasear con él y que, además, me visitaba en casa casi todos los días. A mi padre yo ni podía ni quería ocultarle nada.

Algunas veces mi papá llegaba sin avisar y me preguntaba "¿Ya se fue tu noviecito?". Siempre sonreía y estaba de buen humor. Yo le contestaba que no era mi novio, que se trataba solo de un amigo. También se interesaba por cómo iban mis estudios y por si había alguna materia que se me diera mal, pero nunca me reprendía ni me regañaba. Solo me pedía que me esforzase un poco más y se ofrecía a contratar algún profesor si yo necesitaba clases extras. Con él, todo era alegría, confidencias y comprensión.

En esa época, yo le daba clases de español a un chinito, un chico un poco mayor que yo. Tendría por aquel entonces como diecinueve o veinte años. Acababa de llegar y no hablaba ni una sola palabra de nuestro idioma. Nos reíamos también mucho. Él me decía algunas cosas en chino para que yo las aprendiese y me invitaba a almorzar para que conociese la comida de su país. Me mostraba y me contaba sobre su cultura en el poco español que conocía. Fue mi primera ventana al mundo y una época hermosa. Mi papá siempre bromeaba y me hacía de rabiar diciéndome que el chinito estaba enamorado de mí.

Pero toda esa felicidad se esfumó con el accidente. Su muerte fue tan repentina y trágica que sentí como que me arrojaban a un mundo que no conocía. Él había convertido la vida en un paraíso para mí y ese lugar idílico había desaparecido para siempre. El dolor me dio otra durísima lección sobre la memoria. Fue tan intenso que solo conservo retazos de esos días, como si a su paso no hubiese dejado más que huecos. De su entierro no consigo evocar más que la hora aproximada, pero ningún momento, ni una sola imagen. Conservo una idea difusa, como desdibujada, del féretro en la iglesia, pero ni siquiera soy capaz de ubicar dónde lo enterraron, si con mis abuelos paternos o si se lo llevaron a otra parte.

No sé dónde ponerle flores a la persona que más quise y que mejor supo hacerme feliz. Quizá el mejor tributo es ese lugar que ocupa en mi corazón, que me ha permitido llevarle siempre conmigo a cualquier lugar y en cualquier situación.

CAPÍTULO 3

La joven autómata y la mujer de acero

Desde que me enteré del fallecimiento de mi padre hasta al menos dos días después, estuve como una autómata. Las cosas seguían sucediendo, pero yo no sabía qué sentir ni qué hacer. No sé si comí o dormí. No recuerdo si tuve sed o si me pasaba las noches en vela, ni si hacía frío o calor. Los alimentos no sabían, la música no sonaba, el aire no agitaba mi ropa. Seguía caminando, pero no notaba las plantas de mis pies sobre el piso. Solo sentía un dolor punzante en el alma que acaparaba todas mis sensaciones. Estaba aterrada y como adormecida. La pena era tan grande que ni siquiera lloraba. En mi mundo solo había lugar para el sufrimiento. Me sentía sola, abandonada.

Sabía que mi vida iba a cambiar, pero no cuándo ni cómo. De repente, tenía que comprar mis cosas y tomar decisiones que hasta entonces nunca había tomado, así que me encontraba perdida y confusa. Mi abuela salía de casa de madrugada para llegar a tiempo a su empleo y mi tía era enfermera y siempre estaba trabajando. Así que fui aprendiendo a cubrir mis necesidades sin ninguna orientación ni consejos. También tuve que acostumbrarme a distribuir yo misma mi mesada, porque ahora tenía otros gastos que hasta entonces habían cubierto mis padres.

No recuerdo haber tomado ninguna decisión importante, ningún instante crucial ni trascendente. Iba resolviendo como podía cualquier situación que se me presentaba sin consultar con nadie. Me preguntaba qué era lo mejor y eso mismo escogía o hacía. Esa forma de actuar me acompañó durante bastante tiempo.

Lo más importante era seguir adelante, así que fui creciendo sin mostrar mis sentimientos. No le hacía caso a mi corazón. Me resultaba imposible escucharlo porque en él sólo había lugar para el sufrimiento. Ahora me doy cuenta de que toda mi vida he estado cumpliendo con lo que se supone que tenía que hacer, con lo que me decían otros, porque mi conexión con la brújula interna de los sentimientos estaba quebrada y rota. Pasé de ser una niña alegre y feliz a una mujer que se había cubierto con una coraza de acero.

A medida que fui creciendo también mis preguntas fueron haciéndose más grandes. Empecé a cuestionarme qué era la vida y qué más podía hacer. Comenzaba a sospechar que tenía que haber algo más que trabajar, comer y dormir. Ya por entonces intuía que vivir y sobrevivir no eran la misma cosa.

Durante el tiempo que duraron todos esos sucesos y giros inesperados, la vida empezó a mostrarme que los planes y los sueños pueden modificarse de un momento para otro y que tenemos que saber sobreponernos a los imprevistos. Pero eso no se interioriza de un día para otro. Requiere práctica y entrenamiento. Y yo no estaba preparada para todos los cambios y decisiones que tuve que tomar. La niña se diluyó en su dolor y emergió una Karla totalmente diferente. Uno se imagina que transitar de una etapa a otra, de ser una bebé a convertirse en una niña y de ahí a una mujer, es un proceso progresivo. En mi caso no fue así. Mi infancia terminó de forma abrupta. Una mañana me levanté y la niña feliz que había sido hasta entonces simplemente ya no estaba.

Las vacaciones de verano, que tanto hubiera añorado antes de la muerte de mi padre, llegaron unos meses más tarde sin alegrías ni ilusión. Regresé al lugar donde vivía y trabajaba mi madre, un campamento que ni siquiera podía llamarse pueblo, pero allí no había mucho que hacer. En él había una tienda diminuta donde comprar los alimentos esenciales, una iglesia, un pequeño hospital para los primeros auxilios básicos, un club con dos piscinas, una para los niños y otra para adultos. También se proyectaban películas en algunas ocasiones para entretener a sus habitantes. Contaba con dos comedores. El primero de ellos ofertaba un menú con dos opciones y postre y en el segundo existía la opción de pedir a la carta. Podíamos entrar y comer lo que quisiéramos, pero su principal clientela era la de los visitantes que venían a conocer la represa. Yo allí, con tan pocas distracciones, me aburría.

Así que tomé mi primera decisión importante. Sin saber que eso cambiaría mi vida para siempre, decidí buscar un trabajo para combatir el tedio que me producían aquellas vacaciones en aquel asentamiento distante y minúsculo. Por contradictorio que pudiera parecer, se había convertido en un enclave turístico que la gente acudía a visitar. La represa que se estaba construyendo para generar energía eléctrica iba a ser la tercera más grande del mundo. Venían muchos curiosos en cualquier época del año y hacían falta guías turísticos. Me presenté a ofrecer mis servicios y me pusieron a prueba a regañadientes, porque todos los guías de visitantes eran hombres por aquel entonces. Yo, además de mujer, era menor de edad, aunque parecía mayor.

Cuando terminaron las vacaciones, me dijeron que había pasado la prueba y me ofrecieron un contrato indefinido. Así comenzó mi vida laboral. Tenía dieciséis años y tuve que convencer a mi mamá para que firmara en la inspectoría del trabajo un permiso para que pudieran contratarme. Ella no quería que yo trabajara, prefería que estudiase, pero yo no quería seguir siendo una carga para ella y de alguna manera la convencí. A ella ya le suponía mucho esfuerzo que mi hermano prosiguiese con su educación. Y en este lugar, salvo breves ausencias justificadas, trabajé durante veintiséis años hasta que me jubilé.

Esta experiencia me brindó valiosas lecciones. Para comenzar, que siempre hay alguien que es el primero, que siempre hay uno que se abre paso. En mi caso, ni siquiera fue una lucha. Simplemente demostré de lo que era capaz y confié en que todo iría bien. Muchas veces somos nosotros mismos los que nos censuramos. Lapidamos nuestra vida con los "nunca nadie lo consiguió antes", con los "esto no se hizo jamás". Yo acepté con naturalidad que me pusieran a prueba y no me arredré cuando me dijeron que ese había sido siempre un trabajo de hombres. Llega un momento, cuando muchos antes que nosotros no lo han logrado, que los que les seguimos simplemente dejamos de intentarlo. Y yo llegué con ilusiones nuevas y la absoluta certeza de que había un lugar para mí allí.

La segunda lección es que uno está seguro de que hace algo por primera vez, pero casi nunca tiene la certeza de cuándo será la última. Yo me jubilé, como todos, pensando que no tendría que volver a trabajar nunca, que podría dedicarme a viajar, aprender y descansar. Pero la vida es muy traviesa. Y aquel último día de trabajo no lo fue. Pero ese desenlace, que se proyecta en el tiempo casi tres décadas más tarde. Y, como todo, llegará. Paciencia.

CAPÍTULO 4

Muchas turbinas y una sola represa

Empecé a trabajar sin saber nada de nada, pero con un entusiasmo arrollador que me permitió aprender casi cualquier cosa. Tuve que familiarizarme con el funcionamiento de las turbinas, con las partes que las integraban y con cómo se generaba y distribuía la electricidad. Yo explicaba con soltura cómo se había desviado el curso del río para construir la represa y les hablaba a los visitantes sobre la Operación Rescate. En cuanto la mencionaba, la audiencia se quedaba en suspenso y contenía el aliento, como si fuera a contarles el final de una película de acción. Y no era para menos. Ese dispositivo había permitido salvar a la fauna que habitaba en las zonas que se iban a inundar con la obra de ingeniería y yo estaba especialmente orgullosa de ella.

Gracias a mi trabajo, conocí una inmensa cantidad de personas, de distintos países, culturas, formas de vida, estatus económicos y sociales. Llegué a acompañar por las instalaciones a presidentes de países e incluso a príncipes, como si de un cuento de hadas se tratase. Entre ellos, al por entonces príncipe de Gales y más tarde rey de Inglaterra, Carlos III. También al rey de España, Felipe VI, y a las infantas Elena y Cristina.

Por allí se paseaban toda clase de personas y personalidades. Ciudadanos comunes y corrientes, estudiantes recién graduados de todo tipo de carreras o famosos de cualquier ámbito, ya fuera literario, político o artístico. Era increíble cómo aquel lugar tan inaccesible y pequeño se había convertido en la puerta de entrada a un mundo tan grande. Yo, que no conocía por entonces más que mi campamento, el pueblo donde había estudiado y algunos pocos estados de mi propio país, estaba adquiriendo conocimientos y experiencias que solo hubiera podido obtener dando la vuelta al planeta, hospedada en ocasiones en pensiones modestas y otras tantas veces en hoteles de lujo. Aquellas charlas entre turbina y turbina empezaron a abrir mi mente y mi imaginación y comencé a fantasear con cómo serían los lugares de los que me hablaban todos aquellos turistas.

Me gustaba mi trabajo. Cuando llegaban esos autobuses con estudiantes o grupos específicos, me hacía feliz poder satisfacer su curiosidad. Yo estaba orgullosa de mi empresa. A veces, si coincidía con la última visita y me había sentido especialmente bien con nuestros invitados, me iba con ellos hasta el pueblo más cercano y se lo mostraba, aunque eso no formara parte de mis tareas. En ocasiones terminábamos en un restaurante o en una tasca y, después, llena del mundo y de las vidas que me habían permitido entrever, volvía a mi campamento.

Fue entonces cuando mi vida empezó a tomar forma. Se trató de una etapa tranquila en la que no tenía preocupaciones, pero sí mucha juventud. Disponía de un empleo y de mi propio sueldo, porque mi mamá no quiso que la ayudara. Tenía muchos amigos en la empresa y fuera de ella. Además, podía comunicarme con las muchas personas que había conocido cuando habían visitado la represa.

El mundo había empezado a descubrirse ante mí y me tenía encantada. Sentía que la vida era una delicia. En un primer momento, viajé por mi país para conocerlo todo. Luego, comencé a desplazarme al extranjero una vez al año cuando estaba de vacaciones. Me iba un mes a conocer parte de un país, una isla o de excursión a una región del sureste de Venezuela, surcada por numerosos ríos, donde se combinan sabanas, montañas y tepuyes. Los más conocidos son el Roraima y el Auyantepui, donde se encuentra la caída de agua más alta del mundo, conocida como el Salto Ángel. Y yo podía verlo y disfrutarlo todo.

Lo único que me faltaba era ser totalmente independiente, porque todavía vivía con mi madre. Ella nunca me pidió nada y tampoco me invitó a que ahorrase, así que gastaba todo mi sueldo. Cada quince días iba a la peluquería, me arreglaba el cabello, me teñía, me lo cortaba si hacía falta, me pintaba las uñas de manos y pies, me compraba ropa a la moda para ir bien vestida en los viajes. Por entonces, con aquello me bastaba, así que aparentemente era feliz. Que nada es para siempre ya era algo que yo sabía. Por eso gozaba de cada minuto, de cada instante. Ya conocía en mis propias carnes los accidentes y las tragedias que pueden arrasar con todo en un abrir y cerrar de ojos.

CAPÍTULO 5

El amor llegó y como vino se marchó

En el trabajo conocí a mi novio Fernando. Era otro crío como yo que también tenía un empleo en el campamento. Él tenía veintiún años y yo dieciocho. Tuvimos un noviazgo muy bonito, tranquilo, lleno de paseos y compartido con nuestras familias y amigos. Por aquel entonces, él empezó a estudiar ingeniería. Después de un tiempo, no demasiado, nos casamos.

A los tres meses de la boda yo me quedé embarazada. Estábamos encantados de tener un bebé. Además, mi embarazo fue muy bueno y yo no sentí ninguna molestia. Trabajé hasta el último momento, ya no como guía para visitantes, sino que conseguí un traslado a un puesto de oficinista. Mi jefe tuvo una paciencia infinita, porque yo no sabía escribir a máquina y él me decía "no importa, Karla, no te preocupes, hazlo de nuevo". Me envió a hacer muchos cursos para que pudiera formarme. Estuve con él hasta que di a luz.

Durante el embarazo de mi hija Karen Alicia, hubo dos acontecimientos que nunca olvidaré. Un día mi vecina me llamó para pedirme un favor, porque yo era primeriza. Ella tenía desde hacía bastantes años un arbolito que nunca había dado ningún fruto y me preguntó si podía darle unos correazos a su planta para que empezara a hacerlo. La idea me pareció disparatada, pero lo cierto es que no me costaba nada, así que hice lo que me pidió. Aquel árbol tuvo una producción impresionante el siguiente año. Recuerdo que era un tamarindo. Para lo que sucedió, no tengo como es obvio ninguna explicación. Pero la vida está llena de magia, de cosas inexplicables, de sucesos extraños y complejos que escapan a nuestra comprensión. Quizá esa fue la primera vez en la que tomé conciencia de ello. No sería la última.

Por aquel entonces, tenía también un compañero de trabajo con el que no me llevaba bien. Nos caímos mal y solo nos dábamos los buenos días y las buenas tardes, todo cordial, pero tenso. Nos evitábamos el uno al otro en cualquier contexto para no tener que convivir. Un día me dijo que quería hablar conmigo y así lo hicimos. Me contó que su bebecito de tres meses estaba enfermo, que no paraba de pujar y que ninguna medicina funcionaba. Pero que como yo era primeriza le podía ayudar brincando en cruz sobre su bebé. Ya había tenido la experiencia del tamarindo, así que lo hice sin más, por absurdo que me pareciese, y su bebé se curó. De nuevo, este suceso me conectó con una dimensión más grande que lo que podemos ver, oír y tocar. Me sentí, sobre todo, muy feliz de haber ayudado a esas personas que siempre recordaré. Y aprendí que somos demasiado rápidos en juzgar. Quizá aquel compañero me había caído mal porque se mostraba hostil y de pésimo humor, siempre taciturno y enfurruñado. Y todo aquello que exteriorizaba no tenía nada que ver conmigo, sino con la preocupación por su niñito, al que no lograba sanar. A partir de ese momento, cada vez que me encontré con alguien que me mostraba animadversión recordé a este pobre señor y empecé a mirar a aquellos a los que aparentemente no gustaba con otros ojos.

Después de unos meses, mi esposo Fernando pidió el traslado en su trabajo y nos mudamos al pueblo. Nuestra relación funcionaba bien al principio. No recuerdo ningún incidente ni nada especial, pero en algún momento algo empezó a andar mal. Quizá fueron los cambios o que yo echaba de menos trabajar. Puede que faltara comunicación. Ya no compartíamos tanto porque sus estudios lo ocupaban mucho y empezaron las peleas. Leí libros sobre cómo mejorar las relaciones matrimoniales y le sugerí ayuda profesional, pero él opinaba que eso no serviría para nada.

Las riñas siguieron y él empezó a tener unos celos insoportables. Una vez llegó a casa un amigo buscándolo, pero él no estaba. Me preguntó si podía esperarlo y le dije que sí. Al poco rato regresó mi esposo Fernando y yo me fui al cuarto con mi niña. Pero, cuando su amigo se fue, empezó a reclamarme que por qué había recibido visita si él no estaba en casa, que si me había olvidado de que yo era una mujer casada y de que no podía dejar pasar a hombres cuando mi marido no estaba.

Así que, por cualquier motivo, él se molestaba y vivíamos en una disputa constante, lo que desembocó en nuestra separación dos años después de habernos casado. Yo regresé al campamento a buscar trabajo, porque sabía que allí me podían contratar de nuevo, y efectivamente así fue. Volví a ocupar el puesto de secretaria en la misma empresa en la que había estado siempre. Habían empezado a construir una segunda represa, más pequeña que la anterior, y volvían a necesitar personal.

A los pocos meses, mi todavía marido vino a buscarme y me pidió que saliéramos un fin de semana para estar juntos y tratar de arreglar nuestro matrimonio. Yo le dije que sí. Él tenía un amigo casado, piloto, que tenía una avioneta y le había propuesto que nos fuéramos los cuatro un par de jornadas por varios sitios. El primer día fue muy lindo. Conocimos unos caseríos en la Gran Sabana, una región situada al sureste de Venezuela con paisajes espectaculares y únicos en el mundo. Finalmente, aterrizamos en un pueblo en el que íbamos a dormir. La jornada transcurrió sin incidentes y disfrutamos del paseo. Pero, al acostarnos, surgieron los celos de nuevo, porque yo le dije que estaba tomando pastillas anticonceptivas y empezó el interrogatorio. Que con quién me acostaba, que desde cuándo estaba tomando pastillas, que por qué yo las tomaba…Yo no quise contestarle a nada ni tampoco le conté que tomaba aquella medicación por un tratamiento que me había prescrito el médico, así que se acabó la conversación.

Al día siguiente, cuando me iba al campamento de nuevo y él estaba más calmado y pidiendo disculpas, le dije que empezáramos los trámites del divorcio, porque ninguno de los dos iba a cambiar de pensamiento. En mi opinión, no había solución. El divorcio al principio fue muy problemático, sobre todo por la custodia de la niña, pero al final logramos un acuerdo y todo se arregló en santa paz.

Aprendí mucho también de este doloroso suceso. Toda ruptura es traumática. Te obliga a pasar un duelo similar al de la muerte de un ser querido. El que antes lo era todo un día, de repente, ya no está. Tienes que dejar marchar a quien ha ocupado cada rincón de tu vida y, aunque sea lo mejor para las dos partes, cada separación deja un vacío que solo el tiempo puede volver a llenar. Yo había querido a Fernando, pero también fui consciente de que un matrimonio no puede construirse desde una huida. Y yo me había precipitado a casarme para poder independizarme y salir de casa de mi madre. Un sentimiento así no podía ser la base para construir una familia o una relación, aunque yo era tan joven e inexperta que de verdad creía que aquel matrimonio funcionaría.

El regreso al campamento y la reincorporación al trabajo me devolvieron a la tranquilidad. Además, me daban casa sin pagar nada y también me procuraban una educación para mi hija. Pensé que así podría ahorrar para comprar mi coche y mi piso en la ciudad. Después de los conflictos y la tristeza que acarreó mi divorcio, los años que siguieron fueron buenos. Mis compañeros de trabajo y jefes eran estupendos. Parecíamos una gran familia. Hacíamos fiestas. Celebrábamos cumpleaños. Los jefes, cada cierto tiempo, nos daban paseos por la obra para que viéramos en primera persona los avances. Eso que dicen de que todo pasa es verdaderamente cierto. Cuando estamos inmersos en un problema, parece que no vemos la salida y que los obstáculos van a quedarse allí para siempre. Pero a los periodos duros les siguen los que nos tratan con dulzura y a los años alegres también les suceden los de tristezas. Así funciona el fluir y el devenir de la vida.

CAPÍTULO 6

El arroyo de la vida y el fuego que no quema

Por aquel entonces, empecé a descubrir que la vida se parecía mucho al agua. Si algo la retenía, se estancaba. Y, con el tiempo, se echaba a perder y ya no era apta para el consumo salvo que se la tratase. Pero si se la dejaba correr, iba tomando distintas formas, sorteando obstáculos, perdiendo parte de su cauce en los vericuetos del camino y volviendo de nuevo a nutrirse con el caudal inesperado de los afluentes que se topaban con ella.

En aquella etapa yo conocí a mi afluente, a un río hermano que discurría en paralelo al mío y que no se conformaba con la comodidad del estanque, sino que prefería la aventura de crecer. Se trataba de mi amiga Elizabeth, que compartía conmigo el interés por el desarrollo personal. Asistíamos a charlas y talleres y veíamos películas que nos dejaban alguna enseñanza. Además, siempre había alguien que cumplía años y cualquier excusa era buena para reunirnos en alguna casa. Aprendíamos y nos divertíamos juntas.

El campamento había crecido y la oferta de ocio y entretenimiento mejoraba a cada momento. Ahora había dos clubes, una farmacia, una bolera, un cine y dos tienditas en lugar de aquella tan pequeña en la que compraba lo más básico los primeros años. También podíamos pasear en lancha por el embalse de la represa, donde se habían formado islas. Una de ellas se limpió y se construyó una churuata con colgaderos para guindar un chinchorro o una hamaca, así que podíamos dormir allí. También tenía anaqueles para guardar comida. Los que visitaban la isla llevaban víveres y los dejaban como aportación para todos los que los necesitasen. También había todo lo necesario para cocinar. A veces salíamos a pescar y luego asábamos los peces y los devorábamos a la luz de la luna.

Unos años más tarde se terminó de construir la segunda represa y yo pedí el traslado para el pueblo. Me lo concedieron. Yo ya entendía por entonces que la vida es mudanza constante y que hay que aprovechar sin miedo las oportunidades que nos llegan. Había ahorrado para comprar un piso, pero no lo suficiente para pagar la señal, así que le pedí a un amigo que me prestara dinero para completar la cuota inicial. Ya había adquirido mi coche, me entregaron el piso y mi hija acudía a un buen colegio.

Me sentía segura. Estaba construyendo mi futuro y me arropaban mis amigos y mis jefes. Iba escalando posiciones dentro de la empresa porque siempre estaba abierta a lo nuevo y dispuesta a aprender. Pero aquella inquietud que había empezado a sentir ya en mi juventud, la de que en la vida debía de haber algo más que lo que estaba haciendo, empezó a abrirse paso cada vez con más fuerza. La existencia debía tener un significado que yo no conseguía comprender y que no sabía cómo buscar. Por eso me encantaba leer, porque en los libros encontraba cosas maravillosas y yo quería disfrutar y conocer todo aquello que contenían sus páginas.

Aquel traslado y el volver a vivir en una ciudad me permitió asistir a charlas y cursos. Escuché y experimenté muchas cosas. Hasta que un día me inscribí en un taller que me removió mucho y en el que me quedé durante tres años. Llegué incluso a apoyar al equipo que lo organizaba liderando algunos de los grupos que se formaban. Teníamos que hacer unos ejercicios en la calle con desconocidos, como pedir dinero, hacer auto stop, conseguir personas para que se inscribieran a los cursos. Hubo una práctica que me marcó en especial, porque teníamos que caminar sobre unos carbones encendidos. Pasamos todo un día preparándonos y al final lo logré. Fue de lo más transformadora. Si seguías las instrucciones y no te dejabas llevar por el pánico y el miedo, llegabas ileso al otro lado, sin una sola quemadura o lesión en la piel. Pero si te embargaba el terror, ese pavor y fascinación ancestral que todos sentimos por el fuego, podías llegar a lastimarte. Algunos se hicieron pequeñas quemaduras superficiales, pero la mayoría lo conseguimos. Para mí fue la prueba de que, si controlamos nuestros pensamientos, podemos lograr lo que queramos. Y de que la atención y la disciplina tienen que ser constantes, porque sino nuestro ego nos la juega una y otra vez y volvemos a nuestros miedos, como me sucedió.

De repente apareció una oportunidad de ganar más dinero. Se trataba de comprar una tienda de productos naturales. Me asocié con una prima y, sin dejar mi trabajo, montamos el establecimiento y lo fuimos atendiendo entre las dos.

Una tarde llegó al local un productor de talleres y charlas de crecimiento personal, que alguien me había referido para promocionar una charla sobre rebirthing, de lo cual yo no sabía nada ni había oído hablar.

Sin embargo, charlé con el presentador de la charla y me gustó el tema. Me comentó que se trataba de un método que nos ayudaba a conocernos, equilibrar nuestro estado de ánimo, relajarnos y liberarnos de los patrones que nos condicionaban. Todo por medio de una respiración fluida y consciente que se enseñaba y se practicaba en los talleres. Algo me llamó profundamente la atención de todo aquello y le dije que sí. Así empezó mi relación con el rebirthing, que duró muchos años.

CAPÍTULO 7

El día en que volví a nacer

Quizá si no has estado nunca vinculado al rebirthing, todas las personas de las que voy a hablarte a continuación no te suenen de nada. Pero es muy posible que si llevas bastante tiempo en el mundo del crecimiento personal conozcas a la gran mayoría de ellos y que incluso los consideres referentes. Por aquel entonces, yo tampoco era consciente de que estaba cerca de los mejores maestros que había para esta técnica.

Primero conocí a María Luisa Becerra y asistí a varios talleres con ella. Algunas veces fui incluso su asistente personal. Después, descubrí el trabajo de Viola Edward y con ella me preparé para ser instructora de rebirthing. Para mí, asistir a las formaciones no era fácil, pero me encantaba lo que aprendía y no lo vivía con la sensación de esfuerzo ni de sacrificio. Tenía que viajar cada quince días y pasar un fin de semana fuera de casa para poder ir a las clases. Así estuve durante nueve meses y, al terminar, cerramos el entrenamiento con un encuentro de una semana con Leonard Orr, considerado el padre del rebirthing.

No deja de parecerme curioso que mi renacer durara exactamente nueve meses, como el embarazo de un niño. Fue una etapa increíble. Los fines de semana terminaba extenuada porque el trabajo con uno mismo era intenso y el viaje de ida y regreso era muy largo, casi diez horas en un autobús. Pero valió la pena porque, aunque cada vez pensaba que no iba a poder continuar y que no podría asistir a la sesión siguiente, finalmente las circunstancias se acomodaban, yo encontraba el lugar y el momento para completar cada práctica y cada ejercicio y de cada avance surgía una Karla que yo no conocía y que me sorprendía para mejor. No sabía que tuviera tantas cosas buenas y fui descubriendo mi valor poco a poco.

Terminé mi entrenamiento, vendimos la tienda naturista y empecé a dar en mi ciudad sesiones de rebirthing. La muchacha de acero que no quería sentir en la que me había convertido en mi adolescencia para poder sobrevivir se estaba volviendo poco a poco una mujer de carne y hueso que confiaba en la vida y en los dictados de su corazón.

Una de mis amigas tenía una librería en la que había un espacio que no utilizaba. Me lo cedió para que pudiera organizar las sesiones y los cursos. Además, seguía en contacto con mis amigos "renacedores", nos reuníamos en algunas ocasiones y cuando venía Maria Luisa Becerra o algún otro referente viajamos juntos para asistir a sus talleres.

Así conocí a Bob Mandel, otro ser espectacular que inspira mucho cariño, paz y amor y del que seguramente habrás oído hablar en su faceta como "renacedor", escritor, consultor y conferenciante. Tuve la suerte de poder asistir a sus cursos y, en uno de sus viajes, nos habló de un taller que iba hacer en Connecticut, Estados Unidos. La propuesta consistía en pasar un mes con él. También nos ofrecía la oportunidad de compartir unos días con Thomas Verny, escritor del libro La vida secreta del niño antes de nacer, en el que narra, con datos empíricos, que el vínculo entre la madre y el bebé que va a venir al mundo no solo conecta sus universos físicos, sino también los emocionales y mentales. Es decir, que el bienestar o el malestar materno afecta al desarrollo del niño desde su misma concepción. Es como si fuesen un único ser que, de repente, se convierte en dos, pero que sigue funcionando en sincronía.

Antes del viaje, el propio Bob me estuvo mandando información sobre el taller, tareas, ejercicios para prepararlo. En alguna ocasión, me llamó por teléfono y me dio instrucciones sobre alguna cuestión. Como hablaba despacio, generalmente lográbamos entendernos cuando nos poníamos al aparato. Y así llegó el día de mi viaje a Estados Unidos. Y fue entonces cuando empezaron mis miedos. Llamé a Bob y no me contestó, le rogué, le mandé mensajes escritos y su respuesta finalmente fue: "Don't worry. Breathe". No te preocupes. Respira. Yo le pedía información más concreta porque desconocía los detalles del trayecto, porque mi inglés no era bueno y porque yo no me manejaba bien en aquel país. Pero a todas mis objeciones, él siempre respondía lo mismo.

—Cuando llegues al aeropuerto de Nueva York, llámame.

—¿Y si no te entiendo?

—Take it easy.

Es decir, tómatelo con calma. Pero por mucha tranquilidad que quisiera transmitirme Bob Mandel, me pasé el viaje de Venezuela a Nueva York llorando. No comí, nos brindaron champán y tampoco lo tomé. No intercambié ni una palabra con mi compañero de asiento.

En cuanto aterricé, busqué un teléfono y llamé a Bob. Me explicó que tenía que salir del aeropuerto y localizar un autobús que fuera a un pueblo llamado Waterbury. Logré encontrarlo y le pedí al chófer que me avisara cuando llegáramos. Una vez allá, había como una fuente de soda, pero en el lugar no había nadie. Encontré una gran cantidad de sillas como para esperar y, por ese motivo, me imaginé que era una parada de autobús, pero en la carretera. No habíamos entrado a ningún pueblo y allí estaba yo, sola, en medio de la nada.

Pasó un señor y no me dijo nada. Al rato, apareció otro, el que me venía a buscar para llevarme a mi alojamiento que, según me había contado Bob, sería una cabaña en el bosque. Pero el señor estaba empeñado en que yo tenía que ir a un hotel. Después de mucho insistir, le dije que llamara a Bob y le preguntara. Finalmente, se demostró que yo tenía razón.

Y por fin llegué a mi destino. Fue una alegría, porque me encontré con muchos venezolanos que también habían acudido al taller. Cuando accedí a mi habitación sollocé de nuevo, pero ya no era por temor, sino por cómo me había dejado llevar por el miedo. No había disfrutado del trayecto en avión ni había entablado conversación con mi compañero de viaje, que podría haber sido alguien con una historia interesante que contar. Tampoco había sido capaz de gozar del paisaje que había recorrido hasta llegar a mi destino. A la luz de cómo habían transcurrido las cosas, todos aquellos temores parecían tonterías. Cuando nos agarra el miedo o cualquier otra emoción que nos paraliza, no nos deja apreciar lo que nos rodea.

Pero esta anécdota trajo consigo otro enorme aprendizaje que atesoré el resto de mi vida. Bob me había querido enseñar a soltar el control, a dejarme llevar y a confiar en que la vida podía sostenerme. Él sabía perfectamente que no me quedaría sola en el aeropuerto, que no me perdería, que alguien iría a buscarme porque así lo había organizado él mismo. Pero no me dio en ningún momento todos esos detalles tranquilizadores. Su objetivo era que ejercitase la capacidad de confiar en los otros sin tener programado cada paso ni conocer cómo cada hito me aproximaría al siguiente. Y quiso que confiase también en mí, en mi habilidad para localizar aquel autobús en aquel país extraño, en que podría llegar a aquella parada en mitad de la carretera.

La experiencia, en su conjunto, fue memorable. El dueño de la cabaña en la que me alojé no hablaba español ni tampoco ninguna de las otras seis personas que se hospedaron allí conmigo, pero compartimos varias jornadas juntos que nunca olvidaré. Eran un conjunto de músicos y algunas noches se ponían a tocar sus instrumentos y a cantar. Para compartir ese tipo de momentos mágicos el idioma no suponía una barrera. El sitio se ubicaba en mitad del bosque, con unos paisajes hermosos. Había un riachuelo muy pequeño, pero muy placentero. Algunas veces vimos unos ciervos o venados, no se sentía ruido alguno, solo el de la naturaleza. Tampoco había más cabañas alrededor, por lo que era el lugar perfecto para estar contigo mismo y meditar.

Al día siguiente ya nos reunimos con Bob, en su casa. Allí hicimos las respiraciones de la técnica de rebirthing. Tenía una piscina y un jacuzzi, así que alternábamos las prácticas en agua fría y caliente. También allí compartimos algunas barbacoas o cenas con su esposa, familia y amigos.

Todo esto fue lo que me esperaba al otro lado del miedo. Una experiencia fantástica con un grupo de músicos en un cabaña y prácticas de respiración consciente en la casa del propio Bob Mandel, un gurú con el que muchos hubieran deseado compartir mesa y mantel. Así que cada vez que quiero hacer algo y noto la punzada aguda del miedo, rememoro todas estas vivencias. Pienso en todo lo que me habría perdido si hubiese hecho caso a las objeciones y temores que querían mantenerme a salvo en Venezuela. Y, entonces, me adentro en lo desconocido con confianza. A veces, lo que me está esperando al otro lado no es lo previsto y me toca volver a rectificar. Pero en muchas otras ocasiones me aguarda un aprendizaje y una oportunidad que me hubiera perdido de no haber reunido el coraje suficiente para intentarlo.

CAPÍTULO 8

Rumbo a nuevas tierras

Regresé a casa renovada, pero los vientos del cambio siguieron soplando. Mi trabajo en la empresa que tanto había amado ya no era lo mismo. En mi país, mi Venezuela natal, hubo un cambio de gobierno totalmente distinto a los que habíamos tenido hasta ese momento. No quiero entrar en política ni en demasiados detalles. No aportaría nada a esta historia. Simplemente comenzaron una serie de transformaciones que yo no veía ni sentía como buenas. Y aquel viaje a Estados Unidos me había dado el valor y la confianza suficiente como para probar suerte en otras tierras. Así que preparé mi primera emigración, renuncié a mi trabajo y me fui con mi hija a Canadá.

Una vez allí, mi excuñada Penny me ayudó a instalarme. Me dejó estar en su casa hasta que ubicara un alojamiento que pudiera alquilar. Al día siguiente de llegar a Canadá me fui a un colegio para inscribir a mi hija. Yo, por mi parte, me apunté a las clases de inglés que dictaba el gobierno canadiense para los inmigrantes.

A los quince días conseguí alquilar un basement, el sótano de una casa acondicionado como un piso pequeño. Contaba con una habitación, una cocina y todos los servicios. Vivíamos en un pueblo llamado Oakville. No quise irme a una ciudad tan grande como Toronto porque mi hija tenía ya trece años y no hablaba inglés, por lo que para ella hubiera sido más difícil moverse sola.

También contacté con mi manicurista en Venezuela, que se había ido a vivir a Canadá. Ella me orientó sobre dónde conseguir productos venezolanos o parecidos. Penny estaba pendiente de nosotras, lo que era de agradecer. En los fines de semana de verano nos íbamos a un pueblo llamado Bala, donde ella tenía una casa de dos plantas. Arriba se ubicaba la vivienda y, en la parte de abajo, tenía una tienda que solo abría durante la época estival. En Navidad nos llevó a una iglesia en Toronto para que oyéramos la misa en español. En cualquier otra fiesta en la que se reuniesen las familias, ella siempre nos buscaba para que no nos quedáramos solas. Durante esa época, nuestra experiencia y nuestra mente se abrió. Conocimos un idioma, unas costumbres, una forma de vivir diferente. De esta etapa recuerdo en particular cuando visitamos las Cataratas del Niágara, un espectáculo para los sentidos.

La vida era tranquila. Cada una iba a sus clases y casi siempre nos reuníamos después en la biblioteca porque teníamos tarea que hacer. Fue una experiencia espectacular. Para regresar, teníamos que pasar por un puente y veíamos el río, las lanchas y la gente bañándose en la orilla o haciendo esquí acuático. Luego, en invierno, encontrábamos a las mismas personas patinando sobre hielo porque el río se congelaba. En Toronto había edificios que se comunican a través de túneles de vidrio transparente para que nadie sintiera el frío. Todo estaba muy bien ordenado.

El otoño también me enamoró. Los árboles mudaban de aspecto y perdían su manto verde, los parques se llenaban de hojas. Podías ver las ardillas saltando entre ellas, buscando cualquier fruta o los pedazos de pan que solíamos darles. Los colores de la naturaleza eran espectaculares: rojizos, amarillos, naranjas . Íbamos a los conciertos gratis, al aire libre, que ofrecían los cantantes famosos.

Además de mis clases, me hice amiga de la chica que me atendió en el ayuntamiento cuando fui a buscar información sobre los cursos de inglés para inmigrantes. Ella me consiguió un trabajo a media jornada, sin paga, para que la ayudara en las actividades que organizaba el consistorio, sobre todo, en la juramentación de los nuevos ciudadanos canadienses.

En las clases de inglés disfrutaba muchísimo. Se vivía una mezcla de culturas y de idiomas: taiwanés, portugués, italiano, francés… Cada uno tenía su respectivo diccionario para poder comunicarnos entre nosotros. Los profesores siempre celebraban las fiestas de Canadá para que fuésemos conociendo mejor el país. También hacíamos intercambios de comidas. La chica taiwanesa y la de habla francesa se convirtieron en mis amigas. Esta última era canadiense y venía de Montreal, pero allí el idioma oficial era el francés. Me venía a buscar para que fuésemos juntas a clase porque vivíamos en la misma urbanización. Nunca me hizo sentir extranjera, sino como una amiga más.

A mi hija también le iba bien en su colegio, pero no se acostumbraba a la vida en Canadá y siempre me pedía que regresáramos a Venezuela. Cuando cumplimos los seis meses en Canadá teníamos que normalizar nuestra estadía y tomar la decisión de si quedarnos allí o salir del país. Como yo no quería regresar a Venezuela y mi hija tampoco deseaba continuar allí, le propuse que nos marcháramos a Estados Unidos. Allí vivía mi prima Milagros, quien me convenció para que no regresara a Venezuela. Ella tenía un niño un poco menor que mi hija y pensé que podrían hacerse compañía porque íbamos a vivir con ellos en Dallas, Texas. Así que, nuevamente, nos mentalizamos para una nueva aventura y nos marchamos a otro lugar.

CAPÍTULO 9

Volver a empezar

En Dallas, tuvimos que partir de cero una vez más. Pero, en esta ocasión, fue mucho mejor, porque ya estábamos en familia desde el mismo comienzo. Mi prima y yo nos sentíamos muy unidas porque éramos casi de la misma edad (ella tiene solo entre uno y dos años menos que yo). Y, cuando todavía vivíamos en Venezuela, siempre nos veíamos y compartíamos mucho. Por aquel entonces, mi hermano y yo dormíamos a veces en casa de mis tíos o ellos venían a pasar la noche a nuestro hogar, así que Milagros y yo habíamos compartido tiempo y experiencias desde pequeñas. Además, mi hija Karen Alicia y el hijo de mi prima se llevaban bien, así que no nos sentíamos tan solas en un país en el que éramos unas recién llegadas. Inscribí a mi hija en el colegio de su primo para que pudieran ayudarse y apoyarse mutuamente.

Mi prima Milagros me respaldó mucho. Por ejemplo, me facilitó el proceso de búsqueda de empleo. Ella se ocupaba del servicio doméstico en algunas casas y a veces cuidaba niños en la guardería de una amiga, así que yo también empecé a limpiar casas y a cuidar niños. A veces nos traían a los pequeños a casa y nos íbamos a pasear con ellos. Los niños se divertían con nosotras porque los llevábamos a la piscina, les dábamos chuches, jugábamos con ellos en el parque, veíamos películas, les hacíamos palomitas… Les encantaba estar con Milagros y conmigo y esperaban con ilusión la siguiente oportunidad de quedarse a nuestro cargo.

Por lo que se refiere a la limpieza de viviendas, tuvimos una experiencia que nunca olvidaré. En alguno de los hogares que adecentábamos, cuando terminábamos, nos ofrecían frascos de salsa de tomate o mayonesa por la mitad. En ocasiones, sobras de comida. Nosotras aceptábamos estos presentes, los agradecíamos y luego nos reíamos y lo botábamos todo. Quizá parezca pura inconsciencia, pero rondábamos los treinta años y no nos preocupaba lo que pensaran de nosotras. Además, teníamos la seguridad de que podríamos comprar lo que quisiéramos en cualquier momento.

Los sábados yo asistía a clases de inglés y mi prima Milagros se quedaban con los niños. Recuerdo muy bien que las clases eran de 9:00 de la mañana hasta las 2:00 de la tarde y que eran gratuitas para los inmigrantes.

Algunos miércoles por la noche nos íbamos a una discoteca que organizaba una ladies night, o sea, una noche para señoras. Esos días no pagábamos entrada, solo la consumición, y nos juntábamos un grupo de amigas para pasar un rato agradable. Si alguna cumplía años comprábamos una torta y lo celebrábamos allí. Durante esa época nos divertimos mucho. Además, el conjunto residencial donde vivíamos tenía piscina y en Dallas siempre hacía buen tiempo. Cuando el calor apretaba, nos reuníamos los niños, las primas y amigas alrededor de la piscina, hacíamos barbacoa, hot dogs y palomitas. Lo pasábamos en grande y quedábamos extenuados al final del día.

En agosto de ese año vino otra prima, Carolina, una de las hermanas de Milagros. Trajo a sus niños y la visita se convirtió en unas vacaciones para nosotras. Alquilamos una van, una furgoneta, e hicimos un recorrido por el sur de Estados Unidos. Partimos de Dallas y atravesamos Luisiana, Mississippi, Georgia, Florida (allí nos quedamos más porque fuimos a Disney World), Carolina del Sur, Carolina del Norte, Tennessee y, por último, regresamos a Dallas. Fueron unas vacaciones inolvidables, que siempre rememoro con emoción y cariño. No solo por todos los lugares que vimos, sino porque las compartimos en familia y por todo lo que disfrutamos en lugares como Disney.

Pasaron los meses y tocaba decidir otra vez si nos quedábamos en Estados Unidos o si regresábamos a Venezuela. A pesar de todas las oportunidades y de las bonitas experiencias que habíamos tenido allí, mi niña quería regresar a nuestro país de origen. Iba a cumplir pronto quince años y quería estar con sus amigas y con el resto de la familia que habíamos dejado atrás. En esta ocasión no fui capaz de convencerla y regresamos a Venezuela después de esta etapa en la que nos habíamos empapado de mundo, de lugares, culturas y personas que nos habían enriquecido y transformado para siempre.

Ahora, muchas décadas más tarde, creo que yo no tenía claro lo que quería y que por eso mi vida estaba sujeta a tantos cambios, como si tratara de encontrar mi sitio a base de prueba y error. Pero no puedo quejarme porque siempre di con esa mano amiga que me ayudó a atravesar los momentos de incertidumbre, incluso conocí allí a primas con las que no había coincidido nunca y logramos armar un grupo muy bueno. Mi hija exploró otros países y encontró amigos. Pero la tierra, el lugar en el que uno ha nacido, siempre tira y la familia más cercana también. Cuando estás fuera, muchas veces hay una inquietud, una nostalgia leve pero punzante, como si te faltase un pedazo. El pedazo que te permite sentirte siempre y en todo momento con los tuyos y en tu hogar.

Por eso retornamos a Venezuela. Muchas veces me pregunto cómo hubieran sido estas dos estancias en el extranjero si no hubiéramos tenido el apoyo y el calor de tantos conocidos y familiares. Quizá las hubiéramos vivido desde la dificultad, los retos constantes y los problemas, no como las experiencias gozosas y agradables que yo guardo en mi memoria.

Me doy cuenta de que entonces aprendí el valor de la comunidad, de las redes de apoyo, de caminar acompañado en la vida y de no afrontarla cada día solo. Hay muchas personas que aspiran a poder con todo sin ayuda de nadie. Pero yo descubrí en aquellos viajes que cualquier carga compartida con otros se aligera e incluso puede transformarse en las alas que te ayudan a volar. Aunque solo fuera por eso, las vivencias de aquellos meses y años ya valieron la pena.

CAPÍTULO 10

Un secreto a voces

Miro hacia atrás y veo cuántas experiencias estoy compartiendo sobre mi vida. Cuánto estoy contando. Hay eventos que estoy narrando aquí que no conocen ni las personas más allegadas. Pero hay un secreto que recorre las páginas de este libro, cosas que he callado y que he dudado si importaba que las mencionase o no. Recuerdos que volvieron a mi memoria cuando narré, por ejemplo, la historia de la paliza al árbol de tamarindo o lo del brinco en cruz al bebé.

A algunas de las cosas que sucedieron no les di mucha importancia en su momento. Otras han caído en el olvido o he preferido obviarlas no con ánimo de ocultar, sino porque no sabía cómo abordarlas. Pero no deja de sorprenderme cómo funciona la mente, cómo una cosa trae la siguiente y memorias que parecen olvidadas para siempre resurgen de forma inesperada.

Yo tenía un amigo que se llamaba Nicolás y que fue muy especial para mí. Lo conocí cuando estaba repartiendo en mi empresa las invitaciones para mi matrimonio. Me dirigí a la oficina del jefe de personal y entré, sin darme cuenta de que estaba con una persona. Pedí disculpas y me iba a retirar cuando él me invitó a pasar para presentarme a un nuevo ingeniero que se estaba incorporando a la empresa. Así es como le conocí.

Me casé con Fernando y me fui de viaje de luna de miel. Cuando nos reincorporamos a trabajar, la empresa nos asignó a mi marido y a mí un pequeño apartamento de solteros de una habitación con lo básico: baño, cocina y una pequeña sala de estar. No disponía de lavadora, pero había una lavandería y yo me iba allí a hacer la colada.

Cuando ya llevaba casada varios meses y estaba embarazada como de seis o siete meses, me encontré un día a Nicolás cuando iba a la lavandería. Allí empezamos una amistad que duró más de quince años. Él tenía una novia y también se iba a casar, pero era muy mujeriego. Además de buen mozo era simpático y agradable. Yo siempre le gastaba bromas. Recuerdo una ocasión en la que él estaba saliendo con una chica nueva que había llegado al campamento y, cuando su padre se enteró, la sacó del lugar porque sabía que Nicolás estaba preparando su matrimonio con otra mujer.

Todo esto sucedió cuando Fernando y yo nos mudamos al pueblo, así que durante un tiempo no supe más de Nicolás. Así pasaron los meses y, cuando me divorcié después de que mi niña cumpliera un año, regresé al campamento a buscar trabajo.

Una de mis mejores opciones de encontrar empleo era con uno de los contratistas que estaban trabajando en la construcción de la represa. De repente, me llamó el gerente de la parte electromecánica de la compañía donde yo había trabajado y me ofreció un cargo de secretaria. Le pedí al jefe que me asignara una vivienda porque, aunque mi mamá seguía trabajando y le habían asignado una casa, yo no quería volver a vivir con ella. Ya me había independizado y no iba a regresar. A duras penas el jefe me firmó la carta de solicitud de vivienda para mí. Y me dijo que me iban a hacer los trámites para pedir la prueba para el cargo y que el lunes, que era primero de mes, me fuera a trabajar.

La semana siguiente, en cuanto me incorporé a mi puesto, me presentaron a mis jefes porque pusieron a mi cargo dos secciones. En una de ellas trabajaba Nicolás, pero él estaba de vacaciones porque finalmente se había casado con la novia que tenía. Para él, encontrarme allí fue una sorpresa muy grande, porque hacía como dos años y medio que no habíamos tenido trato y no sabíamos nada el uno del otro. A pesar del tiempo y la distancia, la relación de amistad siguió como si nada y nos hicimos inseparables, hasta el punto de que iniciamos una relación sentimental.

Al principio fue duro para mí porque vivíamos en un campamento pequeño en el que todos nos conocíamos. Además, en las fiestas significativas como navidades, fin de año o en algunos cumpleaños, coincidíamos.

Yo sentía vergüenza cuando veía a su esposa, porque ella sabía que teníamos una relación. Nuestro romance era un secreto a voces. Para mí fue el amor más puro, lindo y enriquecedor que he tenido.

Con Nicolás viví episodios que nunca olvidaré. El primero de ellos se produjo antes de empezar la relación amorosa. En concreto, un fin de semana en el que nos fuimos una pareja amiga, Nicolás, su esposa y yo a un camping a dormir en una isla del lago de la represa. Estábamos los cinco allí y a mediodía vino un compañero de trabajo en su lancha. Después de pasar un rato con nosotros, me invitó a que diéramos un paseo por el lago y yo me fui con él porque no me pareció nada malo. Trabajaba en mi empresa y estaba casado, o sea, que parecía inofensivo. Ni se me pasó por la cabeza que él me fuera a hacer alguna proposición, para nada, pero me equivoqué.

Sí quería algo conmigo y yo le dije que regresáramos a la isla. No sé cómo los demás se dieron cuenta de que sucedía algo, porque cuando regresamos empezaron a hacer bromas pesadas, con comentarios de doble sentido o la pregunta de si lo habíamos disfrutado. Nicolás no participó en la conversación, pero tenía cara de pocos amigos y les pidió que dejaran los chistes de mal gusto y que me respetaran. El tipo de la lancha se marchó y se acabaron los cuchicheos.

Llegó la hora de cenar. Yo no sabía por qué, pero Nicolás me quería matar con la mirada y su esposa y la pareja de amigos hablaban en susurros, mientras asaban unos peces que habían pescado allí en el lago.

Como no comprendía qué estaba sucediendo, opté por retirarme y me fui a orillas del lago. Ya se había hecho de noche y Nicolás se acercó con el pescado para que comiera algo, pero yo no quería nada. Además, empezó a reclamarme por qué me había ido a pasear en lancha. Se le notaba que yo le gustaba, pero él argumentaba que tenía que cuidarme porque era una mujer divorciada y a la gente le daba por comentar, hasta que yo le dije que si él me iba a regañar por irme a dar una vuelta por el lago con un compañero de trabajo que se fuera a dormir con su mujer y que me dejara en paz. Pero se quedó a mi lado, callado durante un largo rato. De repente, vimos en el cielo una estrella fugaz y comenzamos a hablar de cosas. Cayó otra estrella y otra y otra más. Estábamos extasiados, era una lluvia de estrellas que yo no había visto nunca. No sé, Dios o el Universo nos regaló una noche mágica, porque hasta casi el amanecer nos quedamos a orillas del lago y dejamos de hablar. Era tan especial que solo estábamos el uno al lado del otro, sin rozarnos, en silencio, como para no romper el hechizo, porque los demás se habían dormido y solamente él y yo estábamos disfrutando de todo aquello.

Ya de madrugada, Nicolas se fue y yo me dormí a orillas del lago. Al día siguiente desayunamos y empezamos a recoger las cosas porque volvíamos al campamento. El tiempo fue pasando y nosotros seguimos siendo solo amigos y compartiendo momentos y cosas que nos ocurrían. Hasta que un día él me dijo que estaba enamorado de mí y que quería una relación conmigo. Yo le correspondí y mantuvimos la relación durante quince años.

Cuando llevábamos cuatro años de relación sentimental, fuimos a los juegos interempresas, llamados así porque participaban todas las compañías que pertenecían a la Corporación Venezolana de Guayana. Yo competía en bolos y creo que Nicolás en tenis, no estoy muy segura. En cualquier caso, me dijo que fuéramos el fin de semana a ver el partido de tenis y así lo hicimos. Cuando llegamos, la competición ya había terminado, pero había una pareja, Carlos y Dalia, que eran compañeros de trabajo y que estaban jugando. Yo los conocía a los dos, ya que además de compañeros eran pareja sentimental. Nos acercamos a saludarlos y a preguntarles si sabían quién había vencido en el partido de tenis. Entonces Carlos le presentó a Dalia a Nicolás, ya que le conocía a él, pero no a su pareja. En el instante en que Nicolás le dio la mano yo sentí un escalofrío en mi cuerpo, como una premonición, y supe que ellos iban a ser pareja, como en efecto sucedió quince años después, en una época en la que nuestra relación estaba pasando por un mal momento y decidimos dejarlo. Al poco tiempo ellos empezaron su relación y, a día de hoy, son marido y mujer.

El último episodio sucedió cuando a Nicolás lo nombraron gerente en la compañía. Me llamó para que, después de mi trabajo, fuera a ver el despacho de la gerencia que le habían asignado. Recuerdo que era viernes y que, al mostrarme la oficina, me confesó que no le gustaba como estaba distribuida y que él quería que lo ayudase a organizarla mejor: cambiar el escritorio, los archivos y todo lo que estaba allí dispuesto. De nuevo, ese sexto sentido que se me activó tantas veces con temas que tenían que ver con él me llevó a anunciarle que yo sentía que no iba a durar mucho allí y que no iba a tener tiempo para reordenar el espacio como quería. Él se extrañó y me preguntó que por qué yo le decía eso si esa gerencia se la había asignado ese mismo día. Le contesté que no tenía un motivo concreto, pero sí las sensaciones.

Pasó el fin de semana y el lunes por la tarde Nicolás me llamó.

—¿Sabes que tenías razón? Hoy me nombraron para otra gerencia y me asignaron otra oficina.

Nicolás y yo estuvimos juntos muchos años. Incluso durante el tiempo que pasé en Canadá y Estados Unidos nunca dejamos de hablar. En una de esas conversaciones telefónicas yo presentí que él había estado con otra mujer. Cuando se lo pregunté, no me lo negó y me pidió perdón.

Seguimos con nuestras llamadas hasta que regresé y me fue a buscar al aeropuerto. A partir de mi retorno seguimos viéndonos, pero yo notaba que algo había cambiado. Ya no era igual que antes, aunque nos veíamos de vez en cuando. Luego él empezó a salir con Dalia y, como yo sabía que iban a estar juntos, no lo llamé más y él hizo lo mismo. Así terminó la relación.

Muchas personas hablan de las historias de amor que concluyen como si fuesen un fracaso. Para mí, que aquella relación finalizase no la desmerece en absoluto. Establecimos vínculos fuertes y duraderos. Compartimos momentos preciosos y llegamos a un punto de conexión tal que yo era capaz de presentir muchas cosas que tenían que ver con él. Hay personas que comparten su vida con otra durante décadas y que no consiguen algo parecido.

Tampoco disminuyo su valor porque él estuviese casado o porque viera a otras mujeres. Yo acepté estar con Nicolás a sabiendas de cómo era. Con todo, me compensaba, porque lo que había entre nosotros era tan bonito que estaba más allá de las convenciones y las formalidades. Con él aprendí que ni se puede ni se debe cambiar al otro. Y que cuando los caminos están destinados a separarse, da igual lo que se haya firmado o lo que digan los documentos oficiales. Ningún registro puede enmendar los decretos del corazón.

CAPÍTULO 11

Hogar, dulce hogar

Cuando regresamos de Estados Unidos, retorné a nuestro apartamento. Yo ya había pedido a los inquilinos que me lo desalojaran porque regresábamos a casa. Así que todo estaba dispuesto cuando pisamos nuestro hogar.

Cuando llegamos, mi hija me dijo que quería trabajar y que iba a estudiar de noche para sacar la carrera de ingeniería. Yo no estaba de acuerdo, pero lo acepté, igual que mi madre había dado su visto bueno a mi decisión de buscar un empleo unas décadas atrás. Es curioso que los patrones familiares de algún modo se repitan generación tras generación. También a los quince años yo le había pedido a mi madre que autorizase que pudiera trabajar y ella había accedido a regañadientes. El padre de Karen Alicia había querido simultanear el trabajo con la carrera de ingeniería. Ahora, estos dos hilos familiares volvían a converger en mi hija.

Por aquel entonces, yo necesitaba encontrar una fuente de ingresos. Un día, en el supermercado, me topé con mi antiguo jefe de cuando trabajaba en la represa. Me invitó a un café y estuvimos hablando de mi viaje. Se interesó por cómo me había ido y también me preguntó qué pensaba hacer. Le respondí que estaba buscando empleo, le conté que me había entrevistado con uno de los contratistas que participaron en la construcción de las represas y que estaba esperando a ver si me llamaban. Pero el que había sido mi jefe me dijo que dejara todo eso y que fuera a la oficina para tramitar mi ingreso en la empresa de nuevo. Y así volví otra vez a mi puesto en Venezuela, con el mismo cargo que cuando lo había dejado y a las órdenes del mismo superior, como si nada hubiera pasado.

Pero esta vez fue completamente diferente. Ya había transitado por varios cambios y mudanzas y ahora deseaba estabilidad. Así que cuando me dieron la oportunidad de reincorporarme a mi antigua empresa, decidí que iba a trabajar allí hasta que me jubilara. Y así lo hice.

Esa etapa de mi vida me enfoqué en trabajar y en acomodar mi piso. Los fines de semana me iba con una amiga a un pueblito donde ella estaba construyendo una cabaña. Yo estaba enamorada de ese lugar. Y un día, paseando por sus callecitas, vi un terreno que estaba en venta. Busqué al dueño y le dije que lo quería comprar. Acordamos un precio justo para los dos y lo obtuve. Yo soñaba por aquel entonces con tener mi propia cabaña.

El pueblo era tan bonito que, en cuanto teníamos tiempo, nos íbamos a pasar el fin de semana allí. Años más tarde, cuando mi hija y su novio decidieron casarse, escogieron la iglesia de la localidad, pequeña pero muy linda y acogedora. La celebración la hicimos en una churuata, un tipo de vivienda indígena hecha de paja que se puede encontrar en Venezuela.

La organización para la que yo trabajaba era parte de un holding. Una de las empresas empezó un proyecto de construcción de casas para los empleados de la compañía. Entonces vendí mi piso y, con mis ahorros, pude comprar una nueva casa.

Fueron años sin sobresaltos. Quizá parezca que durante aquel período no sucedió nada relevante, pero he aprendido que relatamos nuestra biografía a partir de los grandes hitos y de los acontecimientos memorables. Y esos días que incluimos en nuestra narración personal son muy pocos. La mayor parte de la existencia la pasamos en los momentos cotidianos, en las rutinas, en los instantes que no parecen especiales y que unos años más tarde ni siquiera recordaremos.

Cuando cumplí 46 años, pedí mi jubilación. En el contrato había una cláusula que rezaba que si los años trabajados, más la edad del empleado, sumaban 60 o más, el empleado se podía retirar. Yo cumplía con los requisitos porque había comenzado cuando era muy joven. Cuando me convertí en pensionista, había permanecido veinte años en la misma empresa.

Finalmente me entregaron mi vivienda y empezamos a arreglarla con mucho ánimo, ya que mi hija estaba embarazada y queríamos tener listo el cuarto del bebé. Logramos celebrar ya en nuestro nuevo hogar el baby shower, una reunión para darle la bienvenida al pequeño en la que se hacen juegos, rifas y le traen regalos al que está a punto de nacer.

Como ya estaba jubilada, fui yo quien se ocupó de atender a mi nieto Fabio Alejandro. Mi hija se iba a su trabajo desde la mañana y regresaba a las seis de la tarde. Mi yerno venía para almorzar y estaba con su bebe un rato, pero luego se marchaba y tampoco retornaba hasta media tarde.

Tiempo más tarde, mi prima Rosita, con quien había convivido de pequeña y era como una hermana para mí, me invitó a que pasase una temporada en su casa para que dejara a los tortolitos solos. Ella vivía al noroeste de Venezuela. Pasé allí aproximadamente dos años.

Cuando llevaba ya un año y medio viviendo en su casa, me contó que estaban planeando un viaje a Nueva York para ver a su hija que estaba estudiando allí. Rosita me propuso que fuera con ellos y que aprovechara la ocasión para comprar las cosas para la celebración del cumpleaños de mi nieto, así que me fui con ellos. Esta vez no como emigrante, sino en un viaje de recreo en el que dimos paseos por la ciudad, hicimos un crucero por el río Hudson, fuimos al teatro a ver la obra El Rey León y, por supuesto, acudimos a algunas tiendas y restaurantes. En aquella época una amiga también me pidió que la acompañara a Los Ángeles, ya que iba a comprar ropa para su tienda. Me fui con ella y pude disfrutar de la ciudad durante una semana.

Fue un período tranquilo, relajado y feliz. Con la perspectiva de todo lo que sucedió después, a veces lo recuerdo como la calma que precede a todas las tormentas. Pero todavía faltaban algunos años para que la vida me volviera a situar en mitad de otro huracán y yo me sentía por entonces segura. Creía de verdad que tenía todo atado y amarrado, como si eso fuera posible. Ni siquiera intuía por aquel entonces cuantísimo me equivocaba.

CAPÍTULO 12

Los milagros existen

Al principio no había planeado quedarme tanto tiempo en casa de Rosita, pero una amiga nuestra iba a dictar una Escuela del Curso de Milagros y la formación duraba un año. Después, mi amigo Juan hizo una Escuela de Prosperidad y alargué mi estancia para trabajar con él. Durante un tiempo, después de tantos años dedicada a mi puesto en la represa, había necesitado descansar. Pero cuando ya estuve más relajada, mi pasión por el crecimiento personal se volvió a despertar y pronto me vi rodeada de personas que compartían mis intereses y que me aportaban conocimientos estimulantes.

En ese lapso, por ejemplo, Rosa María Wynn, la principal traductora de Un Curso de Milagros al español, vino a Venezuela a dar un taller de dos semanas en un lugar más o menos cercano. Un grupo de la escuela nos inscribimos en su curso y después tuvimos la ocasión de compartir tiempo con ella en otras oportunidades cuando visitó el país.

Cuando habían transcurrido aproximadamente dos años, regresé a mi casa con mi familia. Unos seis meses más tarde, vinieron a verme mi amigo Juan y su esposa. Durante aquellos días Juan me contó que iba a cursar una formación con Carlos y Margot Medina sobre Un curso de Milagros y que la iban a impartir en la Gran Sabana, una zona que yo había sobrevolado aquel fin de semana en el que mi exesposo Fernando y yo habíamos tratado de reconciliarnos. El lugar se encontraba a unas ocho horas de viaje en carretera desde donde yo vivía por aquel entonces y hacía frontera con Brasil. Me pidió que lo acompañase porque él nunca había estado por aquel sitio y no conocía a nadie. Yo le dije que no, pero Juan insistió. Y le repliqué que lo iba a consultar con el Espíritu Santo, porque yo no sabía si podría aguantar un mes por aquel lugar. El curso se ofrecía en una ubicación retirada del pueblo y había que dejar el coche aparcado en la localidad. Los organizadores tenían que venir a buscarnos porque no era posible llegar sin un vehículo de doble tracción, ya que desde ese punto no había carretera, sino caminos de tierra. En algunos momentos del trayecto, había que atravesar riachuelos con piedras tan grandes que el auto podía llegar a volcar. Era una verdadera aventura llegar hasta allí. Juan estuvo de acuerdo y las cosas quedaron así.

Recuerdo que un viernes comencé mi conversación con el Espíritu Santo.

—Bueno, ya sabes lo de Un Curso de Milagros, lo primero que debes hacer es darme el dinero, porque la formación dura un mes y hay que pagar la estadía, la comida y el taller.

No lo comenté con nadie y me olvidé de ello, pero el miércoles de la semana siguiente, mi yerno me habló.

—Señora Karla, aquí tiene 5.000 bolívares para su curso.

Esos 5.000 bolívares equivaldrían en la actualidad a unos 660 euros. Y, aunque ahora pueda parecer una cantidad pequeña, por aquel entonces suponía un desembolso importante.

Estaba sorprendida, porque yo no solía solicitar una opinión sobre mis decisiones a mi yerno, ni mucho menos le había pedido nunca dinero. Entonces le inquirí sobre dónde había sacado todo ese efectivo.

—Señora Karla, el lunes renuncié al trabajo y me pagaron la liquidación.

Pero yo todavía no estaba conforme, porque había un segundo asunto que solventar antes de poder comprometerme a realizar la formación. Así que volví a comunicarme con el Espíritu Santo.

—Espíritu Santo, gracias por el dinero. Pero tienes que resolver lo del coche, porque yo no voy a dejar mi auto en un pueblo en el que no conozco a nadie y a la intemperie por un mes. Así que, por favor, soluciónalo.

Para ser sincera, yo le puse ese reto porque no quería ir. De ahí mi insistencia, aunque también es cierto que aquellos problemas eran reales. En esta ocasión, el proceso fue el mismo. Pedí y me olvidé de ello.

Además, mi mamá cumplía años en esos días y yo estaba pendiente de organizar la celebración.

El día del cumpleaños yo había invitado una amiga que vivía en el mismo edificio de mi mamá. Ella y yo siempre buscábamos un lugar atractivo al que irnos los fines de semana. Y, mientras estábamos conversando, me preguntó si había resuelto dónde dejar el coche cuando me fuera al curso. Yo le contesté que no.

—No busques más, yo le voy a decir a mi hermana que me acompañe y los llevamos, así nosotras paseamos también —me respondió.

Yo no lo podía creer y pensé que el Espíritu Santo verdaderamente quería que yo fuese para allá.

Quedamos en que mi amiga nos iba a llevar, así que ya no tenía excusas para no asistir, pero todavía era reacia a hacerlo y fui poniendo todos los obstáculos que pude de forma consciente o inconsciente. Esperé hasta un día antes del viaje para llamar a ver si había habitación disponible y para cerciorarme de que me podía inscribir en el curso. La propia Margot Medina me contestó y me dijo que me podía apuntar y que todavía había disponibilidad de alojamientos. Entonces, le pedí una habitación individual con la esperanza de que me dijera que no, pero…

—Mi amor, tienes suerte porque tengo una habitación individual, lista para estrenar, con baño privado —me contestó.

Y eso fue lo último que indagué. Finalmente me rendí.

—Nos vemos mañana, Margot.

El Espíritu Santo me dio una gran lección de vida que nunca le agradeceré lo suficiente. Pasé un mes maravilloso. Las primeras dos semanas estuvimos un grupo muy reducido, de solo cinco personas, pero trabajamos muy bien e hicimos unos paseos espectaculares. Luego se incorporaron más alumnos y la experiencia se enriqueció. Nos bañábamos en los pozos y riachuelos, la comida era excelente y por las noches compartíamos en apasionantes tertulias lo que habíamos aprendido sobre Un Curso de Milagros.

Pero, sobre todo, aquella experiencia me sirvió para comprender cómo funcionan nuestras resistencias. Nos empeñamos y ponemos toda nuestra energía en conseguir logros que se nos escabullen, que están llenos de trabas y obstáculos, como si la vida nos estuviera susurrando una y otra vez que eso que ansiamos no es para nosotros. Y, sin embargo, en otras ocasiones, caminos que parecen vedados se abren de par en par, todo es fácil y sencillo, el dinero del que no disponemos de repente llega a nuestras manos, el transporte a lugares lejanos se organiza por sí solo. Pero si no somos capaces de parar y de ver esas oportunidades que se nos presentan como de la nada, podemos perderlas, ofuscados en unos objetivos que no son para nosotros.

Con todas estas vivencias tan gratas, yo no quería regresar. Pero todo lo que empieza acaba. Así que tuve que volver a mi casa.

Con el tiempo, además, me he percatado de otras muchas cosas que tienen que ver también con esa época. Como relato en estas páginas, he hecho muchos talleres, he estado con maestros espectaculares y he internalizado bastantes cosas. A lo largo de los años he crecido como persona, madre y amiga, pero me he dado cuenta de que mi mamá me marcó mucho en el hacer y en no darle tanta importancia al ser. Mi mamá me solía decir: "Tienes que ser buena estudiante, tienes que ser delgada, tienes que ser buena, tienes que ser…" Nada le parecía suficiente. Creo que fue eso lo que me llevó a hacer tantas formaciones de crecimiento personal, porque nunca me sentía lo suficientemente buena en ninguna cosa. Mientras escribo este libro, me estoy dando cuenta de que soy valiente, de que sirvo de apoyo a mis compañeros, de que tengo muchas amigas y de largo tiempo. Aunque a veces me haya equivocado, siempre di y doy lo mejor de mí. Por eso amo lo que escribí, por eso amo este libro. Cada página transforma la visión que tenía de mí misma, pone cada cosa en su lugar y le da o le quita importancia. Cada párrafo es un paso más hacia mi propia sanación y, por ende, a la de los demás.

CAPÍTULO 13

¿La vida sigue igual?

A mi regreso, era como si todo siguiera igual y, a la vez, fuese diferente. Mi yerno y mi hija seguían en sus trabajos y mi nieto crecía como cualquier niño de su edad. Mi hija Karen Alicia decidió inscribirlo en la escuela de mi cuñada, aunque no tenía la edad requerida. Al principio, lo llevaba ella misma, pero después acordamos que yo me ocuparía de acercarle y buscarle para que así el niño pudiera dormir un poco más.

Así que aparentemente todo estaba bien, pero no era así en realidad. Siempre estábamos de tour por los supermercados o farmacias para conseguir los pañales o la leche para mi nieto. Además, el trabajo de mi hija quedaba a una hora por carretera de donde vivíamos y la inseguridad estaba creciendo. Era un riesgo cada vez mayor que ella anduviese por ahí sola.

Así que hablé con mi hija y con mi yerno y les planteé que emigraran a los Estados Unidos. Con las experiencias que había tenido tanto allí como en Canadá y de las que guardaba tan gratos recuerdos, salir del país no me daba miedo. Además, los tendría cerca y podría visitarlos a menudo. Ellos se tomaron su tiempo para decidirse, consiguieron un abogado en Estados Unidos y finalmente se decidieron a emigrar.

Pero cometieron un error al irse, porque salieron con el pasaporte español y, cuando se entrevistaron con el abogado, los mandó de vuelta a Venezuela, ya que para lograr un visado ellos tenían que poner una residencia de España y ellos nunca habían estado en ese país.

Así que me llamaron para decirme que se iban a España, en concreto, a Tenerife, porque mi yerno Frank tenía familia allí, ya que su papá era canario. Entonces sí se me encogió el corazón. Canarias estaba muy lejos, como a unas diez horas en avión. Pero no podía decir nada, puesto que yo había sido la que los había convencido para que saliesen de Venezuela.

Mi yerno tenía una hermana allí y se quedaron en su casa mientras conseguían un lugar en el que vivir. A los tres meses alquilaron una casa y yo empecé a preparar mi viaje para ir a visitarlos.

Así es cómo, durante una temporada, estuve viajando cada tres meses a España desde Venezuela. Hasta que un día mi hija me llamó asustada porque había oído una mala noticia y se había preocupado mucho por mí. Me pidió entonces que arreglara mis papeles para que me pudiera ir a Tenerife con ellos definitivamente.

Fui vendiendo mi casa, mi coche y todo lo que tenía a la par que arreglaba mis papeles para irme a vivir a España por mis propios medios, ya que yo tenía mi jubilación y el dinero de todo lo que había vendido. Las gestiones y los trámites dieron buenos resultados y en el consulado me dieron el visto bueno para vivir en este nuevo país.

Al principio todo era novedad y yo estaba encantada. Podía, por ejemplo, ir al supermercado y conseguir lo que necesitara sin tener que recorrer una tienda tras otra. Vivía con mi hija y su familia y podía compartir tiempo con ellos. Así, sin casi darme cuenta, transcurrieron los dos primeros años. Yo no necesitaba trabajar porque tenía mis ahorros y, además, cobraba mi jubilación de Venezuela en España. Al cambio, la cuantía era muy buena, porque la moneda venezolana se cotizaba muy bien y yo podía vivir sin apreturas.

Pero, de repente, mi pensión dejó de llegar. En Venezuela se prohibió temporalmente sacar dinero al exterior, pero aquella medida provisional acabó por convertirse en definitiva. Así que nunca más pude cobrar mi pensión, mis ahorros se agotaron y tuve que plantearme volver a trabajar.

CAPÍTULO 14

Un corazón que no palpita

Hasta entonces, siempre había conseguido trabajo con bastante facilidad cuando lo había necesitado. En el ámbito laboral todo me había venido rodado. Me había encontrado, por ejemplo, con mi antiguo jefe en el supermercado y me había vuelto a ofrecer el puesto que me había permitido retornar a la represa. Pero ahora estaba en España y mi red de contactos no era tan extensa. Y, para empeorar las cosas, no había traído ningún documento que pudiera acreditar que yo había sido guía turística, oficinista y secretaria ejecutiva, así que no conseguía que me contratasen. Lo cierto es que nunca se me hubiera ocurrido pensar que fuera posible que dejase de recibir mi pensión ni en el peor escenario posible.

Luego vino la pandemia y tuvimos que pasar un largo período de tiempo confinados en casa. Pero, en cuanto pudimos salir, volví a buscar empleo. Conseguí mi primera oportunidad acompañando a una señora mayor que estaba comenzando a padecer una demencia. Yo no tenía formación ni experiencia en ese tipo de labores y la pobre mujer me hacía de todo, por lo que el trabajo me resultó tremendamente penoso. Duré dos semanas. Así fue como comenzó mi etapa como cuidadora. Aprendí sobre la marcha. Aprendí a una edad a la que muchos dicen que es tarde para aprender. Aprendí, en definitiva, porque era lo que me ponía delante la vida y no tenía más remedio que aceptar la situación y adaptarme a lo que viniera.

Después de esta primera y breve experiencia, estuve atendiendo a una abuela en su domicilio, pero tampoco duró porque a los seis meses murió. Su nieta, agradecida, me consiguió un nuevo empleo.

Pasé entonces a acompañar a una señora viuda, que vivía con uno de sus hijos. Me hicieron contrato y, al principio, pensé que me pagaban bien, pero cuando vi todo el sarao que se montaba el fin de semana en la casa, me di cuenta de que era poco.

Se trataba de una familia muy adinerada que daba muchísimo trabajo. La casa en la que vivían era enorme. Los fines de semana me resultaban terribles, porque siempre invitaban a amigos a la piscina, que venían a su vez acompañados de sus hijos, nietos y parientes varios. Se quedaban en la casa desde el viernes hasta el domingo, así que casi todos los fines de semana me encontraba con grupos de alrededor de treinta personas para las que tenía que hacer de todo: cocinar, limpiar, lavar y planchar. Las dos horas que tenía libres al día casi nunca las disfrutaba porque no conseguía llegar a todo en el horario que habíamos pactado al inicio.

Me asignaron una casita de una habitación con todas las comodidades. Disponía de una salita con televisión y un espacio para la cocina, que estaba equipada con lo necesario, incluida la nevera y el microondas. Aunque mis días libres eran los martes y miércoles, tenía que dejar comida preparada para que la señora la calentara, así que las jornadas previas a mis días de asueto tenía tareas extras que se añadían a las ya habituales.

Yo hacía de todo para poder sobrellevar esa situación. Me refugiaba en las sesiones de rebirthing o leía libros de autoayuda y superación personal porque las herramientas que ya conocía no me servían para acomodarme. Por suerte, mi amigo Juan y su familia vivían en aquella época en Barcelona y se convirtieron en una gran ayuda. Juan me recomendaba qué ejercicios hacer y me mandaba meditaciones. ¡Gracias a Dios que por lo menos tenía ese apoyo incondicional! Pero era tanta la presión que mi corazón no aguantó y sufrí un infarto. Mientras estaba hospitalizada, las personas para las que trabajaba llamaron a mi hija y le entregaron mi liquidación. Yo me enteré de que me habían despedido cuando me dieron el alta.

Después de tanto sobreesfuerzo, de haber sobrellevado como había podido una carga de trabajo tan inmensa, recibí como compensación que me rescindieran el contrato. Por supuesto que podía haberlo peleado en los tribunales, pero ellos eran muy poderosos y, además, varios de los hijos se dedicaban a la abogacía y tenían un bufete. Yo no disponía de los recursos ni de la salud para hacer frente a personas tan bien posicionadas, así que acepté mi liquidación y me tomé un tiempo de descanso. En la vida, es importante elegir bien qué batallas librar y, en aquellos momentos, recuperar la salud era para mí lo prioritario.

CAPÍTULO 15

Dios aprieta, pero no ahoga

Dice un refrán español que Dios aprieta, pero no ahoga. En mi caso fue así. Cuando me recuperé del infarto, conseguí otro empleo como cuidadora de otra abuela. Con ella estaba muy bien. Vivíamos las dos juntas y yo la ayudaba a caminar y a bañarse, le preparaba la comida y me sentaba a ver la tele con ella. También charlábamos a ratos, le cuidaba las plantas y le limpiaba la casa. Aunque pueda parecer mucha tarea, después de mi experiencia anterior atender a esta señora era agradable y llevadero. Además, me dejaban libre desde los sábados por la tarde hasta el domingo por la noche, por lo que volvía a tener tiempo para mí. Durante ese tiempo, las hijas se turnaban para cuidar de la anciana el tiempo que yo estaba ausente.

Me gustaba mucho la ubicación de su casa. Tenía un ventanal desde el que podía ver el mar. Yo salía todas las mañanas tempranito a caminar y al final de la jornada me sentaba en un mirador a contemplar las olas y a meditar. Las hijas me trataban muy bien, con amabilidad y cariño.

—Karla yo voy a cocinar hoy, ponte a bordar —me decía una de ellas, la que compartían conmigo la afición por el punto de cruz.

Fue un año muy bonito, tanto por la experiencia como por el trato que recibí de ellas y de la abuela a la que atendía. Pero, cuando cumplí doce meses en aquel lugar, les pedí mis vacaciones. Y, para mi sorpresa, una de las hijas me dijo que yo no tenía contrato. Yo le repliqué que eso no tenía nada que ver, que todo el que trabaja necesita un descanso, con contrato o sin él. ¡Vaya si lo sabía después de lo que me había sucedido en mi empleo anterior, en el que el sobreesfuerzo, el estrés y el cansancio me provocaron un infarto!

Pero, por desgracia, no logramos ponernos de acuerdo. Así que les informé de que no iba a trabajar más en su casa porque me parecía injusto. Había necesitado un percance de salud grave para aprender a poner límites y a ser asertiva, como dicen ahora los psicólogos. Otra muestra más de que incluso de las peores experiencias uno puede extraer enseñanzas importantes y crecer. Estoy orgullosa de que lograra mantenerme firme y defender mi criterio desde la calma y el respeto hasta tal punto que, a día de hoy, todavía perdura la amistad con las dos hijas, aunque tuviéramos puntos de vista distintos. Yo me porté bien con ellas y cuidé de su madre lo mejor que supe y pude. Como contrapartida, ellas fueron buenas conmigo. Y cuando llegó el punto de desacuerdo, cada una de nosotras siguió su camino sin disputas, rencillas, palabras agrias ni rencores.

Después de esa experiencia empecé a tomar conciencia del trabajo que estaba haciendo y aprendí a dejar que las cosas fluyeran. No tenía un horario como en una oficina, pero tampoco estaba sujeta a reglas estrictas. Había ciertas pautas como la hora de comer o la del baño, pero nunca daba por sentado nada de lo demás. Por ejemplo, si la anciana de la que estaba a cargo no quería dormir la siesta o no deseaba levantarse por la mañana, yo le permitía que se quedase viendo la televisión o en la cama un rato más. Aprendí a ceder en estos pequeños detalles con tal de que ellas estuvieran a gusto y sintieran que todavía podían controlar sus vidas.

Una vez que había logrado establecer una relación de confianza, me sentaba a su lado y empezaba a preguntarles sobre sus vidas y sus gustos. A veces me contaban también sus penas y yo les pedía que me hablaran de sus recuerdos bonitos para alejarlas. Trataba de hacerles sentir que en mí podían encontrar una compañía amena. Siempre he estado convencida de que eso, y no los cuidados, era lo que ellas más necesitaban. Insistía también en que me narraran sus historias para conocerlas mejor y para que pudieran sobrellevar mejor su enfermedad o el desgaste físico y emocional que les causaba su edad tan avanzada.

A algunas no les gustaba la televisión. En esos casos yo les leía un libro y, a partir del texto, encontraba algún tema de conversación para distraerlas. También pedía opinión sobre lo que leíamos para que ejercitaran su mente.

Les preguntaba a menudo qué querían y me interesaba por ellas como personas. Así fui comprendiendo el poder transformador de la escucha y de la compasión. Gracias a ellas descubrí que tenemos que ser amables e indulgentes con nosotros mismos, porque algunas veces el dolor que sentían las ancianas, y también muchos de nosotros, era el deseo y la necesidad de ser aceptadas y amadas. Se trataba de un sufrimiento del alma y no del cuerpo.

Asimismo, aprendí que, si aceptamos de verdad que vamos a morir, dejamos el ego a un lado y prestamos más atención a lo que nos dicen nuestros verdaderos sentimientos. El trabajo de cuidadora es un trabajo del corazón y no de las necesidades del cuerpo.

Así que, este constante volver a empezar que ha sido mi vida, tuve de nuevo que buscar una nueva colocación que me permitiera ganarme el sustento. Transcurrieron entre cuatro y seis meses sin que me ofrecieran nada hasta que un día me llamaron de la península porque una amiga de mi cuñada me había recomendado.

El señor me dijo que necesitaba organizar una videoconferencia para que su hermano pudiera estar presente, ya que estaban buscando a una persona que pudiera asistir a su madre.

Después de hablar con los dos hermanos y de que me explicaran las condiciones, llegamos a un acuerdo y quedamos en que me mudaría a Carcabuey, en la provincia de Córdoba, el primero de octubre. Allí estuve bien, aunque yo sé que se aprovechaban de mi situación porque no tenía ni un día libre. Pero a mí no me importaba, necesitaba el trabajo y allí no conocía nada ni a nadie con quien hablar o pasear. Solamente entablé relación con Silvia, la chica de ayuda social que venía dos horas por la mañana a apoyarme con algunas tareas. Nos hicimos muy amigas.

Todavía mantenemos la amistad. Yo no la olvido. Me ayudó mucho unos días en los que estuve enferma y me llevó al centro de salud, que estaba en otra localidad llamada Priego de Córdoba. Cuando iba al supermercado, compartía mucho con ella.

También conocí a mi amiga Yure, una chica venezolana que casualmente era de mi ciudad. Nos hicimos inseparables, aunque ella trabajaba y vivía con un hombre del pueblo. En cualquier rato libre que tuviéramos tratábamos de quedar. Paseábamos a sus perritas por la tarde y siempre íbamos juntas a Priego. También participamos en un festival gastronómico que organizó el ayuntamiento de Carcabuey con todos los extranjeros que vivían en el pueblo. Teníamos que presentar platos de nuestros países. Yure y yo cocinamos hallacas y ensalada de pollo, que son recetas tradicionales en Navidad. También hicimos pabellón criollo, que es carne mechada, arroz blanco, caraotas negras y plátanos. De postre preparamos quesillo, otra comida típica de nuestro país de origen.

Cuando estaba a punto de cumplir un año en este empleo, los hijos me comunicaron que iban a llevar a su madre a la residencia del pueblo. En principio, yo quería buscar trabajo en Priego, pero mientras conseguía una nueva ocupación tenía que encontrar un lugar donde alojarme. El alcalde de Carcabuey me ofreció una habitación en una casa del ayuntamiento que destinaban a estos fines. Allí también se hospedaba un señor mayor y otro hombre que no conocía porque trabajaba fuera y solo venía de vez en cuando.

Pero cuando este hombre llegó, fue horrible. Yo estaba sola en la casa y estaba viendo la televisión. Subí un momento a mi habitación a buscar algo y, de repente, alguien empezó a aporrear mi puerta. Gritaba que abriese y me asusté. No quería franquearle el paso porque los golpes eran tan fuertes que creí que iba a echar la puerta abajo, pero llegué a la conclusión de que ignorarle podía a la larga ser peor.

Al otro lado se tambaleaba un hombre alto, completamente borracho que vociferaba y me insultaba porque me había dejado la televisión encendida y la energía eléctrica era muy cara. Se balanceó encima de mí, aunque no llegó a más porque le pedí permiso para salir de la habitación para ir a apagar el aparato, ya que él ocupaba todo el espacio. Pero él continuó insultándome y, una vez desconectada la televisión de la discordia, me encerré en mi habitación y esperé que se fuera o a que se acostara a pasar la rasca, como decimos en Venezuela, o a dormir la mona, como dicen en mi tierra de adopción, España.

Llamé a mi amiga Yure y le pedí quedarme en su casa mientras aquel individuo estuviera por allí. Ella me recomendó que hablase con el alcalde, aunque yo al principio era reacia por temor a que aquel tipo se la tomara conmigo y me agrediera. Pero Yure me convenció y el alcalde, tal y como era de esperar, le pidió a aquel hombre que se marchara de allí porque estaba alcoholizado y su comportamiento era totalmente imprevisible. Yo tenía mucho miedo a que, al verse en la calle, tomase algún tipo de represalia tras el desalojo, así que opté por llamar a una amiga, que es como una hermana para mí, ya que nos habíamos conocido hacía mucho en Venezuela.

Le expliqué lo que me estaba ocurriendo y me animó a que me fuese con ella. En aquel momento se encontraba en Málaga y me aseguró que, una vez que yo estuviera allí, buscaríamos un hotel. Ese mismo domingo podríamos irnos a Cartagena, en Murcia, donde ella había alquilado un piso. Regresé a la casa, recogí, hice una maleta y me marché. Estuve fuera dos semanas y, cuando me enteré de que el hombre se había mudado y ya no estaba en el pueblo, regresé.

CAPÍTULO 16

El porqué y el para qué

Empecé a buscar alojamiento en el pueblo más cercano que conocía, Priego de Córdoba. Sé que te he contado muchos sucesos de mi vida, algunos buenos y otros muy duros, pero puedo afirmar a estas alturas de mi relato que lo que te voy a contar a continuación fue la peor experiencia de toda mi existencia.

Me informaron de que una chica hondureña alquilaba una habitación en un piso compartido. Fui hablar con ella y me comentó que la dueña del piso era una señora que vivía en Carcabuey y que yo la conocía, porque yo le compraba ropa. Hablé con ella y le pedí que, si las inquilinas actuales se marchaban, me lo alquilase a mí. Me aseguró que no había problema y que cuando se fueran las hondureñas, ella me avisaría. En cualquier caso, alquilé la habitación. No quería volver a Carcabuey para no correr el más mínimo riesgo de encontrarme con el hombre violento que había golpeado la puerta de mi habitación.

Cuando me estaba mudando, me enteré de que el piso ya se lo habían alquilado a otra hondureña. La que vivía allí antes, con la que yo había pactado las condiciones, había encontrado otra vivienda y se marchaba.

Me ofreció entonces una habitación en su nueva morada y acepté, aunque no me daba muy buena espina. Ya había tenido una discusión con ella porque no hablaba claro. Te respondía a una cosa ahorita y al rato la contraria, pero no tenía muchas opciones mientras no tuviese trabajo ni ninguna fuente de ingresos. Estaba desesperada y solo le daba vueltas a la cabeza.

La convivencia con mis nuevas compañeras de piso fue complicada. Desde mi punto de vista, no sabían lo que era el respeto ni la empatía. Si dejaba comida en la nevera, se la comían. Cuando hubo problemas con el agua caliente, tampoco lo solucionaron porque ellas casi nunca estaban en casa, sino que venían de vez en cuando, así que lo resolvieron cuando les pareció. Al fin y al cabo, la que sufría las consecuencias de lavarse con agua fría era yo y les daba igual.

Así las cosas, me sentía cada vez más desanimada a pesar de que ya había pasado por tanto a lo largo de mi vida, o precisamente por eso. Tampoco ayudaba que no encontrara trabajo. Hasta que, un día, me avisaron de que un señor andaba buscando una persona que lo ayudara con las tareas de la casa y que atendiera a su esposa, que necesitaba asistencia para caminar y comer. Me entrevisté con él para conocer las condiciones y a la señora que tenía que cuidar. ¡Finalmente me dio el empleo! En aquellos momentos, fue un alivio para mí. De lunes a viernes, entraba a la una de la tarde y salía a las ocho. El sábado y el domingo tenía que ir a levantar a su esposa, darle su medicina y el desayuno. Por la noche, me tocaba darle la medicina, ponerle su pijama y acostarla. La mujer era agradecida y amable, pero el marido era insoportable y solo duré dos meses allí.

Entonces, mi amigo Juan me llamó para compartir conmigo que iba a va a dictar un curso llamado El propósito de tu vida. Yo le respondí que lo quería hacer, pero que no tenía dinero. Él me dijo que iba a consultarlo al Espíritu Santo, porque siempre lo hacía. Yo me eché a llorar. No sabía por qué me estaban pasando cosas tan malas y difíciles, me sentía muy mal y me quería morir.

Juan me llamó al día siguiente y me explicó que ya tenía una respuesta. Debía invitar a dos personas a que se inscribieran en el curso y, si ellas lo hacían, a mí me saldría gratis. Esa fue la gota que colmó el vaso. Me derrumbé. Pasé tres días sin salir de la cama sollozando, pensando qué hacer. Me estaba quedando sin dinero y no tenía ni para el boleto para regresar a Tenerife. El tercer día me levanté, tomé una ducha y le pedí a Dios que me ayudara. Le expliqué que me sentía perdida y que no sabía qué hacer. Me puse a revisar mi móvil y me saltó un aviso sobre un curso gratuito, impartido por Ángel María Herrera. No le conocía de nada por entonces, pero seguí leyendo. La formación se llamaba también El propósito de tu vida y era gratis. Se trataba del curso que necesitaba y podía hacerlo sin tener que invertir lo poco que me quedaba, así que llamé por teléfono y me inscribí.

Esa fue la luz que requería en ese momento de mi camino. Al concluirlo, me llamaron para ofrecerme una formación y acompañamiento de más tiempo con el propio Ángel María. Me confirmaron que lo podría pagar a plazos cuando encontrase trabajo, así que aproveché la oportunidad.

Todo esto me hizo reflexionar sobre lo que me había sucedido. Cuando me jubilé en Venezuela, pensé que era libre, que disfrutaría de mi pensión y que podría dedicarme a viajar, a conocer Europa y visitar países que despertaban mi curiosidad. ¡Tenía tantos planes! Por entonces, yo sentía que, con tantos años de estudios, conociéndome, perdonando y perdonándome y habiendo apoyado a otros para que pudieran crecer, había hecho ya la tarea que me correspondía.

Pero no fue así. Todavía tenía que perdonar y vivir esas situaciones tan desagradables por las que pasé cuando perdí mi pensión porque me enseñaron a ser humilde. Ahora sé que no sé nada y que cualquier experiencia que viva tiene dos finalidades. La primera disfrutar de la propia vivencia y agradecerla. Y, si no es tan agradable, tengo que agradecerla también porque he de aprender de ella. Lo segundo es que todo esto se debe practicar todos los días para no perder el norte, para no desconectarse. Ahora, siempre que voy a hacer algo me pregunto: ¿Cuál es el propósito de esto?

Tengo 67 años y todavía tengo que aprender a estar con Karla, mimarla si es lo que necesita, consolarla si es que tiene ganas de llorar, reír y sentir alegría si le apetece divertirse y disfrutar. En definitiva, conectar con mi corazón y oírlo diga lo que diga.

Dicen que el propósito de la vida es llevar una vida con propósito. Ahora yo tengo uno: contar mi historia para apoyar a otras personas a encontrar el suyo. O, al menos, para que sepan que hay infinidad de posibilidades de estar bien haciendo lo que aman. Desde ese lugar, todo lo que me ha sucedido tiene sentido. Lo dulce y lo amargo, lo alegre y lo triste. Hoy sé que todo tuvo un porqué y un para qué que me trajo a donde estoy ahora. ¡Feliz vida!

CAPÍTULO 17

Yo te libero, yo me libero

Yo libero a mis padres de la sensación de haber fallado conmigo.

Yo libero a mi hija de la necesidad de traer orgullo para mí.

Que pueda escribir sus propios caminos de acuerdo con su corazón,

que susurra todo el tiempo en sus oídos.

Yo libero a mi pareja de la obligación de completarme.

No me falta de nada.

Aprendo, como todos los seres.

Todo el tiempo agradezco a mis padres, abuelos y antepasados,

que se reunieron para que hoy yo respire la vida.

Los libero de las fallas del pasado

y de los deseos que no cumplieron,

consciente de que lo hicieron lo mejor que pudieron

para resolver sus situaciones desde el nivel de conciencia que tenían en

aquel momento.

Yos los honro, yo los amo y los reconozco inocentes.

Yo me desnudo delante de sus ojos, por eso ellos saben

que no escondo ni debo nada más

que ser fiel a mí misma

y a mi propia existencia.

Caminando con la sabiduría del corazón

soy consciente de que cumplo mi proyecto de vida,

libre de lealtades familiares visibles e invisibles,

que puedan perturbar mi paz y felicidad,

que son responsabilidad mía únicamente.

Yo renuncio al papel de salvadora,

a ser aquella persona que une o cumple las expectativas de los demás.

Aprendiendo a través y solo a través del amor,

bendigo mi esencia, mi manera de expresar,

aunque alguien no me pueda entender.

Yo me entiendo a mí misma porque solo yo lo viví y experimenté.

Mi historia es mía, porque me conozco y sé quién soy,

lo que siento y lo que hago.

Me respeto y me apruebo,

honro la divinidad en mí

y en ti.

Somos libres… Somos libres…Lo único que nos falta es echar a volar.

AGRADECIMIENTOS

He querido compartir mi historia para quitarme los muchos disfraces que usé durante mi vida. Disfraces que ocultaron mi verdadero ser.

El otro motivo por el que he relatado mi biografía es para que sepas cómo he logrado llegar hasta aquí. A lo largo del proceso, he despejado mis propias dudas con respecto a lo que me inquietaba sobre mí misma, mi problema de identidad, mi deseo de ser aceptada tal y como era con mis desaciertos y mis inseguridades.

Para mí, siempre fue más importante despejar con mis amigos todas esas inquietudes que compartíamos que resolver una ecuación matemática, realizar un dibujo técnico con unas coordenadas y líneas rectas que no me decían nada o aprender fórmulas químicas que me costaba entender. Hoy reconozco la contribución de todos estos conocimientos a la ciencia, la medicina, la farmacia, la industria y a nuestro bienestar físico, pero estoy más convencida que nunca de que se olvidaron de la tranquilidad de nuestra mente, de nuestra alma, espíritu o como quieras llamarlo. Este tipo de crecimiento ligado a algo que va más allá de lo tangible y material ha sido para mí el más importante.

Empezaron a llegarme libros de reconocidos humanistas, filósofos o seres iluminados como Krishnamurti, Osho, Lobsang Rampa, Ghandi, Antony De Melo y otros tantos que me mostraron que había algo más que aprender. Las respuestas llegaron mucho más tarde, a través de la indagación interna. El hecho de que, en algunas ocasiones, aplicara erróneamente algunas instrucciones y ejercicios vagos me frustró y me hizo sentir rabia y confusión al no saber interpretar las respuestas que obtuve.

Hoy agradezco enormemente el camino que he recorrido, porque compartí información, terapias, respiración, ejercicios prácticos y relajantes, de autoconocimiento y reconocimiento con maestros como Rosa María Wynn, Leonard Orr, Bob Mandel, Viola Edward, Thomas Berny, Gary Renard, María Luisa Becerra, Carlos Fraga, Silvia Jastram, Ernesto Febres y muchos otros más. Además, conté con mis perfectos y amados maestros en forma de ancestros, padres, hermanos, familiares, amigos, exesposo y una relación sentimental intermitente de quince años, que constituyó un gran aprendizaje por lo maravillosa, intensa, inocente, pura y enriquecedora que fue. A todos ellos les ofrezco mi eterno amor y gratitud.

También quiero agradecer Ángel María Herrera y a todo su equipo de trabajo, quienes amorosamente siempre están dispuestos a apoyarnos en todo que necesitemos. Mi amor incondicional y bendiciones para todos.

Y un especial agradecimiento a Luz Rodrigo, mi escritora favorita, por su paciencia, por la corrección del texto que has leído y por todo su apoyo incluso en cuestiones que no tenían que ver con el libro. ¡Te quiero, Lucita!